AF277294

VERBUM ✳ ENSAYO

LIGERO DE EQUIPAJE. LOS SUICIDAS MÁS CÉLEBRES DE LA HISTORIA

colección Ensayo

Dirigida por: ÁNGEL ESTEBAN

Verbum Ensayo se enfoca en los campos de la filología, la estética, la filosofía y la historia, fundamentalmente. Atesora las obras de los ensayistas y estudiosos más importantes de todos los tiempos y presta especial cuidado a estudios de autores hispanos como José Ingenieros, Miguel de Unamuno, José Enrique Rodó, José Olivio Jiménez, Roberto González Echevarría, Humberto López Morales, Leonardo Padura Fuente, Alejo Carpentier, Roberto Fernández Retamar, José Carlos Rovira, Virgilio López Lemus, Jesús G. Maestro, Alejandro Martínez, Ángel Díaz Arenas, Rolena Adorno, Enrique Gallud Jardiel, Vicente Cervera Salinas, Jesús Jambrina, Gema Areta, Ángel Esteban, José Luis Villacañas, Carlos Javier Morales, Javier Huerta Calvo, José Manuel Camacho, Elena Poniatowska, entre otros.

Muchos de estos títulos forman parte de las referencias bibliográficas de numerosos cursos doctorales, másteres y grados en universidades de España, resto de Europa y EE.UU.

ISMAEL MARTÍ

LIGERO DE EQUIPAJE

LOS SUICIDAS MÁS CÉLEBRES
DE LA HISTORIA

Editorial
VERBUM

© de la obra: Ismael Martí, 2025
© del diseño de portada: Iván García
© de esta edición: Editorial Verbum, 2025

Tr.ª Sierra de Gata, 5
La Poveda (Arganda del Rey)
28500 - Madrid
Teléf.: (+34) 910 46 54 33
e-mail: info@editorialverbum.es
https://editorialverbum.es

I.S.B.N.: 978-84-1136-994-7

Diseño de colección: Origen Gráfico, S. L.
Preimpresión: Adrians Esquivel Romero
Printed in Spain / Impreso en España

Este libro ha sido
impreso con papel
ecológico procedente
de bosques sostenibles.

Fotocopiar este libro o ponerlo en red libremente sin la autorización de los editores
está penado por la ley.

Todos los derechos reservados. Cualquier forma de reproducción, distribución,
comunicación pública o transformación de esta obra solo puede ser realizada
con la autorización de sus titulares, salvo excepción prevista por la ley.
Diríjase a CEDRO (Centro Español de Derechos Reprográficos, www.cedro.org)
si necesita fotocopiar o escanear algún fragmento de esta obra.

ÍNDICE

APÉNDICES

Y cuando llegue el día del último viaje,
y esté al partir la nave que nunca ha de tornar,
me encontraréis a bordo, ligero de equipaje,
casi desnudo, como los hijos de la mar.

ANTONIO MACHADO

Prólogo:
El suicidio en la historia: entre la filosofía, la tragedia y el símbolo

Morir no es nada; no vivir es horrible.

VÍCTOR HUGO

Esta frase de Víctor Hugo, que hemos elegido como exergo, encierra una verdad ancestral: la conciencia de la vida implica necesariamente la conciencia de la muerte. Y con ella, la pregunta más radical que puede hacerse un ser humano: ¿vale la pena vivir?

El suicidio —ese acto en que alguien decide interrumpir su existencia por voluntad propia— ha sido a lo largo de la historia objeto de condena moral, estudio científico, exaltación literaria, rechazo religioso y también de silencio. Para algunos ha sido un gesto de dignidad; para otros, la expresión suprema del abandono. Se ha considerado pecado, enfermedad, valentía, egoísmo, rebeldía, derrota o afirmación. En él confluyen no solo el sufrimiento de un individuo, sino también las ideas que una época tiene sobre la libertad, el dolor, el alma y el cuerpo.

Entre los estoicos, el suicidio no era una derrota, sino un gesto lúcido de autodeterminación. «El sabio vive tanto como debe, no tanto como puede», escribió Séneca, quien puso fin a su vida abriéndose las venas, asistido por su discípulo, como prueba final de su filosofía. Catón el Joven, al verse vencido por Julio César, prefirió la muerte antes que aceptar una vida sin libertad. En estos casos, el suicidio fue concebido como el último bastión del albedrío: allí donde el destino parecía inapelable, quedaba aún el poder de decir «no».

Con el Romanticismo, en cambio, el suicidio encarnó la exaltación de la emoción absoluta. *Werther*, el personaje de Goethe, convirtió el desamor en tragedia universal, y su muerte literaria inspiró una ola de suicidios en la Europa del siglo XVIII. Gérard de Nerval, poeta del inconsciente y del sueño, dejó escrita esta nota antes de ahorcarse: «No me esperen esta noche, porque la noche será negra y blanca».

Su gesto, como el de Kleist, Chatterton, Tsvietáieva o Mayakovski, fue interpretado por muchos como el punto final de una sensibilidad desgarrada que no encontraba asidero en el mundo. Como dijo William Blake: «los locos abren los caminos que luego recorren los sabios»; quizá muchos de estos suicidas trazaron con su desesperación las sendas más hondas del alma humana.

El suicidio ha sido también expresión de protesta o sacrificio político. Yukio Mishima, que se dio muerte por *seppuku* o *harakiri* tras un último discurso en defensa del Japón tradicional, escribió: «Una vida que no se arriesga por la belleza está vacía». Y Stefan Zweig, exiliado, desarraigado y profundamente herido por la destrucción de Europa, dejó escrito en su carta final: «Saludo a todos mis amigos. ¡Ojalá aún puedan ver el amanecer después de esta larga noche!»

Este libro no pretende glorificar ni condenar el suicidio. No ofrece una teoría general ni una tesis definitiva. Lo que propone es detenerse —con respeto, lucidez y compasión— ante uno de los actos más íntimos y absolutos del ser humano. Al recorrer estas historias, no se trata de emitir juicios, sino de comprender los contextos, las heridas, las decisiones, y a veces, también los silencios. Detrás de cada nombre aquí reunido hay una vida, y detrás de cada vida, un abismo.

Hoy, en el siglo XXI, el suicidio adquiere nuevos contornos éticos y sociales. La expansión del debate en torno a la eutanasia, el suicidio asistido y los derechos del paciente terminal ha abierto espacio para considerar la posibilidad de morir con dignidad como un derecho humano más. Muchas de las muertes recogidas en estas páginas podrían haber tenido otro final —más sereno, menos violento— si hubieran contado con el acompañamiento médico, legal y afectivo que hoy se abre paso en ciertas legislaciones del mundo.

Este fenómeno actual obliga a replantear la cuestión del libre albedrío. ¿Es el suicidio un acto de desesperación o un acto de libertad? ¿Es una derrota o una forma de resistencia? ¿Tenemos derecho a decidir cuándo y cómo irnos del mundo, cuando la vida ya no ofrece más que dolor, vacío o humillación? El filósofo francés Albert Camus, en *El mito de Sísifo*, lo resumió de forma memorable: «No hay más que un problema filosófico verdaderamente serio: el suicidio».

Esa afirmación no es provocación, sino reconocimiento del vértigo. Morir por voluntad propia implica enfrentarse a lo más hondo del ser: el sentido o sinsentido de existir. Por eso, esta antología es también un recorrido por la metafísica del límite, una cartografía de la renuncia radical.

Incluso en sus formas más trágicas, el suicidio ha dejado huellas imborrables. Virginia Woolf, antes de caminar hacia el río Ouse con los bolsillos llenos de piedras, escribió en su carta de despedida: «Siento con certeza que estoy enloqueciendo de nuevo. No puedo seguir luchando». Y Sylvia Plath, en uno de sus últimos poemas, dejó escrito como un epitafio anticipado: «Morir / es un arte, como cualquier otra cosa. / Yo lo hago excepcionalmente bien».

En algunos casos, el suicidio fue la consecuencia de una enfermedad mental incurable. En otros, fue un acto de coherencia moral, de cansancio extremo, de dolor sin salida o de una belleza inconsolable. No hay una sola forma de morir por voluntad propia. Y tampoco hay una sola forma de leer esos gestos.

Esta antología es, en suma, un acto de escucha. Una forma de mirar de frente, sin escándalo ni morbo, las despedidas más radicales. No hay aquí una apología del suicidio. Pero sí una invitación a repensar la vida —y también la muerte— con menos prejuicio y más comprensión. Quizá, al mirar de frente estos gestos finales, podamos intuir algo más profundo, algo esencial, sobre lo que significa estar vivos.

1. Empédocles

«Todo nace y muere por necesidad».

Empédocles de Agrigento (c. 495 a. C. – c. 435 a. C.), uno de los filósofos presocráticos más enigmáticos de la antigüedad, fue también poeta, médico y místico. Su figura ha llegado hasta nosotros envuelta en leyendas, y su muerte es uno de los suicidios más simbólicos y debatidos de la historia antigua.

Según la tradición, Empédocles se arrojó al cráter del Etna para que sus discípulos creyeran que había ascendido al reino de los dioses. El gesto —sea verdad o ficción— ha sido interpretado como un acto teatral, místico y filosófico a la vez: no un simple final biográfico, sino una afirmación cósmica. Él creía que el universo estaba gobernado por dos fuerzas primordiales: el Amor, que une; y la Discordia, que separa. Para Empédocles, los seres humanos formaban parte de un ciclo eterno de nacimiento y destrucción, y el alma, atrapada en la rueda de las reencarnaciones, debía purificarse para regresar a la unidad con lo divino.

El salto al volcán, si es que ocurrió, puede leerse entonces como un último acto de purificación, una búsqueda de fusión con los elementos que tanto veneró. Como señaló Nietzsche, Empédocles encarnaba al mismo tiempo al sabio, al artista y al visionario. Su muerte —como su pensamiento— no cabe en una sola categoría: es un gesto de ruptura, una metáfora viviente, una desaparición que funda una leyenda y se convierte en símbolo.

Empédocles no dejó simplemente de vivir: hizo de su muerte un problema filosófico, una imagen ardiente que aún hoy nos interroga. ¿Fue locura o sabiduría? ¿Delirio místico o arte puro? Tal vez, como todo verdadero enigma, fue ambas cosas.

2. Sócrates

«El hombre que ha dedicado su vida a la filosofía se prepara, sin saberlo, para morir».

Sócrates (470 a. C. – 399 a. C.), el gran maestro de la filosofía occidental, murió como vivió: preguntando, dialogando, pensando. Su muerte, relatada por Platón en el *Fedón*, no fue un suicidio en el sentido estricto, pero sí una elección. Condenado a muerte por el tribunal ateniense acusado de impiedad y de corromper a la juventud, tuvo la posibilidad de huir. Sus amigos habían preparado todo. Él lo rechazó.

Sócrates aceptó la condena con serenidad, fiel a su convicción de que la justicia y la coherencia ética están por encima de la vida misma. Bebió cicuta rodeado de sus discípulos, discurriendo hasta el final sobre la inmortalidad del alma. En sus palabras y su gesto hay una radical confianza en el logos, en la razón como guía incluso ante la muerte.

En un momento en que la ciudad se hallaba convulsionada por tensiones políticas, la figura de Sócrates se volvió incómoda. Su rechazo a la retórica vacía, su ironía desestabilizadora y su constante incitación al examen interior lo transformaron en chivo expiatorio. Pero él, lejos de quebrarse, convirtió su ejecución en la más ejemplar de las lecciones: morir sin temor, sin resentimiento, sin abandono de los principios.

Para pensadores como Montaigne, Kierkegaard o Jaspers, la muerte de Sócrates representa el modelo del filósofo como mártir de la razón. No muere por desesperación ni por evasión, sino por fidelidad a una vida pensada, a una existencia coherente con su pensamiento. En ese gesto está el inicio de una tradición: la muerte no como claudicación, sino como confirmación de un pensamiento vivido hasta el final.

3. Demóstenes

«No moriré por mano de mis enemigos».

Demóstenes, el gran orador ateniense, no murió combatiendo, ni huyendo, ni mendigando clemencia. Murió hablando. O mejor dicho: murmurando sus últimas palabras antes de que el veneno hiciera su trabajo. Fue, como tantos otros hombres de su tiempo, un suicidio envuelto en dignidad, política y tragedia.

Aquel siglo IV a.C. veía declinar la libertad de las polis griegas ante el empuje irresistible de la Macedonia de Filipo y, más tarde, de su hijo Alejandro. Demóstenes fue la voz más potente y obstinada contra esa amenaza. En sus famosas *Filípicas* denunció la ambición imperial y defendió con una pasión casi religiosa la autonomía ateniense. Fue más que un orador: fue un símbolo de resistencia democrática, un intelectual comprometido con la acción.

Pero la historia no suele recompensar a los que incomodan. Tras la muerte de Alejandro, y en medio de la represión ordenada por Antípatro, Demóstenes fue condenado al exilio y más tarde sentenciado a muerte. Refugiado en el templo de Poseidón, en la isla de Calauria, supo que la red se cerraba. Y entonces hizo lo que tantos hombres de la Antigüedad consideraban un último acto de libertad: puso fin a su vida antes de que lo apresaran sus enemigos.

La leyenda dice que escondía el veneno en una caña hueca o en una pluma. Otras versiones afirman que lo tenía consigo desde hacía tiempo, como un seguro silencioso. Lo cierto es que eligió su momento, su lugar, y la forma de terminar con su vida. Murió con la dignidad que se negó a perder frente a la derrota.

«Si el hombre libre ha de caer, que caiga por sí mismo», dicen que afirmó. En su muerte, como en su vida, Demóstenes pronunció un discurso. No con palabras, sino con un gesto definitivo.

Como señalaba Séneca siglos más tarde: «el mayor poder del alma es poder morir cuando uno quiere». Y en ese gesto está también la pregunta que nos persigue: ¿es el suicidio una rendición o una forma suprema de afirmación?

4. Zenón de Citio

«Viví como debía; muero como he elegido».

Fundador de la escuela estoica y uno de los padres espirituales de la filosofía helenística, Zenón de Citio no solo pensó el suicidio: lo practicó. Y lo hizo con la coherencia de quien convirtió la virtud y la autodeterminación en pilares de su doctrina. Si la filosofía es, como decía él mismo, un ejercicio de libertad interior, entonces su muerte fue la última lección.

Nacido hacia el 334 a. C. en la ciudad chipriota de Citio, Zenón se trasladó joven a Atenas, donde estudió con cínicos, académicos y megáricos. Pronto forjó su propio camino. En el Pórtico Pintado (la *Stoa Poikile*), rodeado de discípulos y transeúntes, enseñaba que la felicidad consiste en vivir conforme a la naturaleza y a la razón. No hay bien sino en la virtud, decía, y todo lo demás —riqueza, placer, fama— es indiferente. Incluida la muerte.

Cuenta Diógenes Laercio que, siendo ya anciano, Zenón tropezó y se fracturó un dedo. Lo interpretó como una señal de que su cuerpo había llegado a su fin. Se retiró a su casa, se tendió en el lecho y dejó de comer. Murió en paz, por su propia voluntad, como si simplemente hubiera cerrado un ciclo. En sus últimos días no hubo lamento, ni miedo, ni súplica. Hubo lógica, templanza y aceptación.

Para los estoicos, el suicidio no es una cobardía, sino una opción razonada cuando la vida ya no permite ejercer la virtud.

Séneca, siguiendo su estela, escribiría siglos después: «La vida no es un bien, si no es buena. Y no hay mayor libertad que poder decidir cuándo termina el viaje».

Zenón enseñó que uno debe mantenerse firme ante la adversidad, pero también que nadie está obligado a vivir encadenado al sufrimiento. Su muerte fue silenciosa, sin veneno ni drama, sin espectáculo ni despedida. Fue un acto de fidelidad a su pensamiento.

5. CATÓN EL JOVEN

«Prefiero la muerte a vivir sin libertad».

Pocas muertes han sido narradas con tanta reverencia —y con orgullo romano— como la de Marco Porcio Catón, apodado *el Uticensis*. Su suicidio fue, para muchos antiguos, el símbolo por excelencia del honor inquebrantable y la defensa de los principios hasta sus últimas consecuencias. Para los estoicos, Catón fue casi un santo laico. Para los republicanos romanos, un mártir.

Nieto del célebre Catón el Viejo, este Catón fue político, moralista, senador y soldado. Pero ante todo, fue un defensor acérrimo de la república romana frente a la creciente amenaza del poder unipersonal. Su figura emerge en la historia como la del último gran resistente a la ambición de Julio César. No por orgullo personal, sino por convicción profunda: Catón creía que la libertad política, la virtud cívica y la legalidad eran sagradas.

Tras la derrota de los pompeyanos en la batalla de Tapso (46 a.C.), y con César como vencedor absoluto, Catón se refugió en Útica, en la actual Túnez. Podría haber huido. Podría haber negociado una amnistía. César incluso intentó salvarlo. Pero Catón no estaba dispuesto a vivir en un mundo gobernado por quien, para él, encarnaba la tiranía.

En su última noche, leyó el *Fedón* de Platón —el diálogo que narra la muerte de Sócrates—, y luego se retiró a su habitación. Se hirió con su espada, pero fue encontrado con vida. Sus médicos intentaron salvarlo. Catón, con la serenidad del que cree cumplir un deber, se arrancó las vendas y terminó lo que había empezado. Su muerte fue brutal y dolorosa, pero también, a su modo, sagrada.

Para los estoicos como Séneca o Epicteto, Catón era el ejemplo vivo de la sabiduría: no porque despreciara la vida, sino porque supo dejarla sin miedo cuando ya no era digna. «Catón no se mató porque viviera mal», escribió Séneca, «sino porque no podía vivir como quería».

Su suicidio dividió a los antiguos: para Cicerón fue sublime; para César, una necedad trágica. Y sin embargo, su nombre resuena siglos después como uno de los gestos más firmes que la historia conserva. No se trató de desesperación ni de derrota, sino de decisión: antes morir que someterse.

6. CLEOPATRA

«Así acaban los dioses… con veneno en los labios y la dignidad intacta».

Cleopatra VII Thea Philopator, última reina del Egipto ptolemaico, no fue solo un personaje histórico, sino que es un mito viviente. Su suicidio, envuelto en belleza, política y teatralidad, ha fascinado a historiadores, dramaturgos y poetas durante más de dos mil años. La mujer que hablaba nueve lenguas, que sedujo a dos de los hombres más poderosos de Roma —Julio César y Marco Antonio—, que luchó por preservar la independencia de su reino frente al imperio que lo devoraba todo, eligió morir como una reina: con elegancia, astucia y control.

Corría el año 30 a. C. y Roma ya había ganado. Marco Antonio, su aliado y amante, había sido derrotado por Octavio —el futuro Augusto— en la batalla de Accio. Cercado en Alejandría, creyendo muerta a Cleopatra, Antonio se suicidó arrojándose sobre su espada. No murió de inmediato; agonizó en brazos de ella. Ese encuentro final entre los dos amantes ha sido recreado una y otra vez, desde Plutarco hasta Shakespeare: «Ven, muerte, y cierra con un beso este día de gloria».

Pero lo más inquietante estaba por llegar. Cleopatra, derrotada, humillada y con la amenaza de ser exhibida en un desfile triunfal en Roma, se negó a que su historia fuera escrita por otros. Rechazó convertirse en trofeo de guerra. Murió en sus propios términos.

La tradición cuenta que se hizo llevar una cesta de higos en la que ocultaba un áspid —una serpiente venenosa—, y que dejó que el animal la mordiera en el pecho o en el brazo, según las versiones. Otras fuentes mencionan un ungüento letal. Sea cual fuere el método, lo que importa es el gesto: Cleopatra murió como había vivido, envuelta en misterio, belleza y voluntad de poder.

Su suicidio fue interpretado de muchas formas: como un acto de orgullo real, como el último suspiro del Egipto helenístico, como el sacrificio de una mujer vencida… o como un acto profundamente político. Con ella, moría también un mundo: el de los reinos independientes, el de las dinastías divinas. Roma lo absorbía todo. Pero Cleopatra se negó a ser absorbida. Su suicidio no fue rendición, sino el arte de terminar con una gran vida.

7. BRUTO

«Tú también, Bruto…» —las palabras que lo persiguieron hasta la muerte.

Marco Junio Bruto, el más célebre de los asesinos de César, murió como vivió: aferrado a una idea. Su suicidio fue, en muchos sentidos, el eco trágico de su acto político más famoso. No sólo dio muerte a un hombre, sino a un símbolo; y no pudo sobrevivir a las consecuencias. Como en una tragedia griega, el destino lo condujo de vuelta al punto de partida: la caída de la república, el ascenso de un nuevo poder imperial, y el fin de su lucha. Bruto eligió entonces la única salida posible para quien creía que la virtud y la libertad estaban por encima de la vida.

Educado en la filosofía estoica, discípulo de Catón el Joven —su tío político—, Bruto encarnó el ideal del ciudadano romano virtuoso, fiel a los valores republicanos que intentó acabar con la tiranía de César. En su juventud, fue perdonado por César tras haber combatido contra él. Luego, en un giro que ha fascinado durante siglos, se convirtió en su asesino. El 15 de marzo del 44 a. C., rodeado de conspiradores, apuñaló a César bajo la estatua de Pompeyo. La escena es conocida, pero el impacto moral fue profundo: Bruto, el hombre recto, había matado al benefactor que lo había perdonado. Traidor o patriota: la historia nunca se ha puesto de acuerdo.

Tras el asesinato del dictador, Bruto esperaba que Roma recuperara su antigua libertad. Pero la república no resucitó. La violencia creció. La guerra civil se reanudó. Junto a Casio, su compañero de conjura, Bruto fue vencido por los ejércitos de Octavio y Marco Antonio en la doble batalla de Filipos (42 a. C.). Con sus tropas derrotadas y su causa perdida, Bruto decidió no esperar la humillación ni la muerte a manos de los vencedores. Se retiró a un monte cercano, entregó su espada a un esclavo y se arrojó sobre ella. Plutarco cuenta que sus últimas palabras fueron de pesar, no por su decisión, sino por el fracaso de Roma: «Virtud, no eras más que un nombre». Una frase que condensa la desolación de quien luchó por una idea demasiado grande para su tiempo.

Bruto no murió solo. Murió junto con la esperanza de que los ideales filosóficos bastaran para frenar el curso de la historia. Su suicidio, como el de Catón, no fue una huida sino una afirmación de coherencia: no quiso sobrevivirse como figura trágica o decorativa en el nuevo orden imperial. Prefirió dejar el escenario mientras aún podía decidirlo.

8. CASIO

«Esta espada ha servido a la libertad. Hoy la sirvo una última vez».

Cayo Casio Longino, estratega, senador y figura clave en la conjura contra Julio César, fue tan cerebral como idealista su compañero Bruto. Si Bruto representaba la conciencia moral de la conspiración, Casio fue su motor táctico, el organizador, el pragmático. Pero ambos compartieron un destino trágico: la derrota en Filipos y el suicidio como último acto de soberanía personal.

Casio no nació para la gloria literaria. Su figura ha sido eclipsada por la de Bruto, más elevado, más filosófico. Y sin embargo, sin Casio, el complot del 15 de marzo del 44 a. C. jamás habría sucedido. Fue él quien convenció a Bruto de unirse a la causa, quien articuló las alianzas y quien supo leer, antes que nadie, que César caminaba hacia la dictadura perpetua. En él se mezclaban el instinto político y el fuego republicano, heredado de generaciones que aún veneraban a la vieja Roma.

Tras el magnicidio, Casio y Bruto huyeron de la capital y reunieron tropas en Oriente. Su sueño era restaurar la república, pero los tiempos ya no eran propicios para las repúblicas. En el año 42 a. C., las legiones de Marco Antonio y Octavio los enfrentaron en las llanuras de Filipos, en Macedonia. En la primera de las dos batallas decisivas, Casio, mal informado por sus exploradores, creyó que Bruto había sido derrotado. Pensando que todo estaba perdido, se retiró a una colina y pidió a su liberto Píndaro que lo ayudara a morir.

Así, sin saber que Bruto aún resistía y que su ala del ejército incluso había obtenido una victoria parcial, Casio se quitó la vida. Una ironía cruel: murió por desesperanza, no por necesidad. Su acto, sin embargo, no fue cobarde. Fue el de un romano fiel al código de dignidad que exigía que un general vencido no esperara la humillación del enemigo.

Bruto, al saberlo, lloró su muerte y lo llamó «el último de los romanos», recordando que en Casio ardía aún la llama de una libertad que ya agonizaba.

Sin embargo, la historia ha sido ingrata con Casio. Shakespeare lo retrata como conspirador ambicioso, casi envidioso. Pero tras los versos teatrales hay un hombre que creyó, como tantos otros de su tiempo, que la muerte podía ser más digna que la esclavitud, y que caer por la república era preferible a vivir en la complacencia del imperio. Como tantos estoicos antes y después de él, Casio prefirió morir dueño de su cuerpo que vivir ajeno a sus principios.

9. SÉNECA

«Morir bien es salvar la dignidad del vivir».

Pocas muertes han sido tan escenificadas como la de Lucio Anneo Séneca, el gran filósofo cordobés, tutor de emperadores y figura emblemática del estoicismo tardío. Su suicidio, ordenado por el emperador Nerón, fue a la vez un castigo y una puesta en escena, un acto de obediencia y una demostración de libertad. Porque si hay algo que Séneca defendió hasta el final fue que el sabio puede ser vencido por las circunstancias, pero no por su alma.

Nacido en Córdoba hacia el año 4 a. C., Séneca fue educado en Roma y ascendió como intelectual y político en un imperio cada vez más convulso. Filósofo práctico, moralista, dramaturgo y senador, supo sobrevivir a emperadores volátiles, intrigas palaciegas y destierros. Su vínculo con Nerón —a quien educó desde joven— fue ambivalente: durante años intentó moderarlo, aconsejarlo, tal vez formarlo como el «príncipe virtuoso» soñado por la filosofía estoica. Pero el discípulo se convirtió en tirano, y la paciencia de Séneca se transformó en silencio.

En el año 65, tras el descubrimiento de la fallida conspiración de Pisón, Nerón acusó a Séneca de complicidad. Aunque probablemente no participó directamente, su prestigio lo volvía sospechoso. El emperador le ordenó abrirse las venas: el suicidio como condena oficial. Pero también, para Séneca, como oportunidad para sellar con su muerte todo lo que había escrito sobre la dignidad, el deber y el coraje ante el sufrimiento.

Las crónicas de Tácito relatan la escena con dramatismo casi teatral: Séneca, rodeado de sus amigos y de su esposa Paulina, abrió sus venas con serenidad, mientras conversaba con todos sobre la naturaleza de la vida, del alma y de la virtud. El proceso fue lento; su cuerpo debilitado por enfermedades no respondía con rapidez. Se sumergió entonces en un baño caliente para acelerar la pérdida de sangre. Finalmente, inhaló vapores tóxicos y expiró. Pero no con angustia, sino con palabras de consuelo y sabiduría.

En *Cartas a Lucilio*, Séneca había escrito: «¿Qué importa cuánto tiempo vivas si vives esclavo del miedo?» Su final fue la confirmación de su doctrina: que el sabio debe estar siempre preparado para dejar la vida con la misma calma con que se abandona una casa que ya ha cumplido su función. No fue un mártir cristiano, ni un rebelde violento. Fue un sabio que aceptó su destino sin doblegar su espíritu. Un testigo del poder corrupto y del precio de la coherencia. Y también, un recordatorio de que, incluso en un mundo injusto, la forma en que se muere puede ser un último acto de libertad.

10. PETRONIO

«Morir con elegancia es también una forma de arte».

Petronio (c. 27 d. C. – 66 d. C.), conocido como el *arbiter elegantiae* de la corte de Nerón y autor del *Satiricón*, fue más que un escritor de refinamiento decadente: fue un esteta del espíritu, un hedonista lúcido que convirtió incluso su muerte en una obra maestra de ironía y estilo.

Cuando cayó en desgracia ante los ojos del emperador —probablemente por intrigas palaciegas de Tigelino, rival en las gracias de Nerón—, fue acusado de conspiración y condenado a muerte. Petronio, fiel a su temperamento, no se limitó a aceptar la condena: la orquestó. Se abrió las venas, pero no de forma rápida ni desesperada. Alternaba las incisiones con charlas literarias, banquetes con amigos, y lecturas de versos satíricos dedicados a sus verdugos.

Esa actitud convirtió su suicidio en un desafío estético y moral. No hubo súplica ni lágrimas, sino una afirmación del placer incluso en el final, una voluntad de controlarlo todo hasta el último gesto. Si en el mundo ya no era posible vivir con dignidad, al menos podía morir con estilo.

Tácito, que relata su muerte, lo presenta como el antídoto al histrionismo de Nerón: mientras el emperador buscaba aplausos hasta en su propia ruina, Petronio moría sin necesidad de aplausos, pero con perfecta conciencia de su gesto. Fue un suicidio performativo, casi escénico, y sin embargo íntimo, despojado de pathos grandilocuente. Una última burla refinada al poder y a la barbarie.

11. Lucano

«Y en el último verso, se desangró el poeta».

Marco Anneo Lucano, sobrino de Séneca, nació para la gloria literaria, pero murió como conspirador, poeta y víctima de un imperio que devoraba a sus mejores voces. Su suicidio, a los veinticinco años, no fue solo una tragedia personal, sino la confirmación de que en la Roma de Nerón ni el talento ni la nobleza bastaban para sobrevivir.

Lucano nació en el año 39 d. C. en Córdoba, al igual que su tío. Hijo de una familia influyente, fue precozmente brillante: a los veinte años ya recitaba en público sus poemas épicos, y a los veintitrés publicó *La Farsalia*, una monumental narración en verso sobre la guerra civil entre César y Pompeyo. Pero *La Farsalia* era algo más que una epopeya: era una crítica velada al poder absoluto, un canto desesperado a la libertad republicana y una denuncia de la tiranía. Nerón no lo pasó por alto.

Al principio, el emperador lo favoreció; luego, lo temió. Lucano participó —al parecer con fervor— en la conjura de Pisón contra Nerón. Y cuando la conspiración fue descubierta, lo llamaron a declarar. Lucano, presionado y quizás bajo tortura, delató a otros. Aun así, Nerón ordenó su muerte. Como Séneca, recibió el mandato de suicidarse. Como Séneca, lo cumplió con la sangre como única palabra final.

Abrió sus venas y, según cuenta Tácito, mientras se desangraba, recitó fragmentos de su propia poesía. Un gesto a medio camino entre la tragedia y la afirmación: morir citándose a sí mismo, como si sus versos pudieran sostenerlo ante el abismo.

Lucano no tuvo tiempo de corregir su obra, de pulirla. Su *Farsalia* quedó inconclusa, interrumpida como su vida. Pero en esa interrupción hay algo profundamente simbólico: el poeta que escribe sobre la destrucción de la república muere bajo un emperador despótico, como si los hilos de la historia y de la literatura se unieran para sellar un destino. Su muerte cerró el capítulo del estoicismo comprometido en tiempos de Nerón. Pero también dejó abierto un legado: el del poeta que no quiso callar, el del joven que eligió su final con la misma decisión con que había escrito sobre el de otros.

12. Minamoto no Yoshitsune

«Prefiero morir por mi mano que vivir deshonrado por la tuya».

La historia de Minamoto no Yoshitsune está envuelta en neblina épica, como si la memoria japonesa se empeñara en no dejar del todo claro qué fue cierto y qué fue leyenda. Y sin embargo, su figura emerge con una nitidez emocional que pocos héroes orientales han alcanzado. Fue un guerrero, un estratega brillante y también, un trágico vencido por la política, no por la guerra. Su suicidio no fue una rendición, sino un acto de fidelidad al código que regía la vida y la muerte de los samuráis: el *bushidō*.

Yoshitsune nació en el siglo XII, en el seno del poderoso clan Minamoto, en un Japón fracturado por guerras civiles. Muy joven, se destacó como un genio militar. Sus campañas durante la Guerra Genpei (1180–1185) lo convirtieron en una figura legendaria: astuto, veloz, casi invencible. Su victoria en la batalla de Dan-no-ura fue decisiva para consolidar el poder de su hermano mayor, Yoritomo, quien se convertiría en el primer shōgun del Japón unificado.

Pero en política, los vencedores también temen a sus aliados. Yoritomo, celoso y desconfiado, comenzó a ver en Yoshitsune una amenaza. Lo acusó de traición, lo declaró enemigo y ordenó su captura. Así, el héroe se convirtió en fugitivo. Recorrió el norte de Japón huyendo del poder que él mismo había ayudado a cimentar, hasta refugiarse con el señor Fujiwara no Hidehira, en Hiraizumi. Tras la muerte de Hidehira, su hijo cedió a las presiones del shōgun y sitió a Yoshitsune.

El final fue el que dictaba el código del honor: Yoshitsune, rodeado y sin escapatoria, se suicidó tras asesinar a su esposa y a su hijo para evitarles la humillación. Algunos relatan que, antes de morir, se peinó cuidadosamente, como un samurái que desea partir limpio hacia el más allá. Otros dicen que escribió un poema de despedida, como hacían los guerreros refinados. Todos coinciden en que su gesto fue firme, silencioso, ceremonial.

La cultura japonesa no lo olvidó. Muy al contrario: lo convirtió en un arquetipo. En teatro, literatura, cine y leyenda, Yoshitsune se convirtió en el rostro trágico de la lealtad rota, del hermano traicionado, del héroe que no sobrevive a su época. Su suicidio fue una afirmación de integridad personal frente al poder que lo había repudiado. El *seppuku*, el suicidio ritual japonés, no es un acto de desesperación, sino una forma de restituir el honor perdido. Para los samuráis, morir así era a veces más glorioso que cualquier victoria. Y Yoshitsune fue quizás el más ilustre entre todos los que eligieron ese camino.

13. Hōjō Ujimasa

«La muerte digna es el último privilegio del derrotado».

El nombre de Hōjō Ujimasa tal vez no resuene en occidente como el de Yoshitsune o Mishima, pero en la historia japonesa representa un momento crucial: el fin de una era, la caída de una dinastía y el silencio ritual de quien prefiere morir antes que arrodillarse. Su suicidio en 1590, como tantos otros en el Japón feudal, fue un acto de disciplina espiritual tanto como de necesidad política. Pero también, una expresión radical de control sobre el propio destino.

Ujimasa fue el cuarto líder del clan Hōjō, una de las casas más poderosas durante el período Sengoku, esa larga era de guerras civiles que desgarró Japón entre los siglos XV y XVI. Heredó un linaje orgulloso, una tierra próspera y un prestigio consolidado. Su gobierno fue firme, y su corte —la ciudad fortaleza de Odawara—, un símbolo de poder militar y refinamiento cultural. Pero los tiempos estaban cambiando. Oda Nobunaga había abierto el camino para la unificación del país, y Toyotomi Hideyoshi, su heredero político, se proponía culminarla.

En 1590, Hideyoshi lanzó su ofensiva final contra el clan Hōjō. Durante más de tres meses, Odawara resistió el sitio más célebre del Japón feudal. Pero la superioridad militar y el cerco fueron minando poco a poco la esperanza. Hideyoshi ofreció una salida honorable: rendición sin ejecución, a cambio de la sumisión. Ujimasa y su hermano, sin embargo, optaron por el camino tradicional: *seppuku*.

El *seppuku*, o harakiri, era más que un suicidio: era una coreografía sagrada. En silencio, en un espacio preparado, el guerrero se cortaba el vientre —sede simbólica del alma—, demostrando su valor y purificando su nombre. A menudo era ayudado por un asistente que decapitaba al ejecutante para abreviar el sufrimiento. No era teatralidad: era doctrina de vida.

Ujimasa se vistió con ceremonia, escribió su *jisei* (poema de despedida), y llevó a cabo el rito con plena conciencia. Murió como había vivido: bajo el código de los samuráis, orgulloso, inflexible. Su muerte no fue en vano: Hideyoshi respetó el gesto y preservó a muchos miembros del clan. Y su suicidio marcó el fin del poder Hōjō, pero también el principio de un nuevo Japón. En la tradición, Ujimasa quedó como ejemplo del líder que acepta la caída con sobriedad y sin escándalo, demostrando que incluso en la derrota puede haber grandeza.

14. THOMAS CHATTERTON

«Demasiado grande para este mundo, demasiado joven para resistirlo».

Thomas Chatterton no llegó a cumplir los dieciocho. Murió pobre, casi ignorado, con un frasco de arsénico junto a su cuerpo. Y sin embargo, su nombre sería invocado por generaciones de escritores y poetas como el símbolo inaugural del *malditismo romántico*: el artista precoz, incomprendido, brillante y condenado. La posteridad hizo de él una figura mítica, una especie de Orfeo adolescente que bajó al infierno del olvido por propia mano.

Nacido en 1752 en Bristol, Inglaterra, Chatterton fue un prodigio literario desde niño. A los doce años ya escribía versos complejos, y pronto ideó un engaño que se volvió legendario: compuso una serie de poemas atribuidos a un supuesto monje medieval llamado Thomas Rowley. Los textos estaban escritos en un arcaico inglés inventado, pero tan verosímil que muchos eruditos cayeron en la trampa. Cuando se descubrió la falsedad, lejos de condenarlo, algunos vieron en él a un genio capaz de recrear una voz antigua con maestría poética.

A los diecisiete años se trasladó a Londres con la esperanza de abrirse paso en el mundo literario. Pero la ciudad fue cruel. Los editores lo rechazaban o le pagaban migajas. La bohemia lo devoró antes de que pudiera sostenerse. Hambre, orgullo, desesperanza: Chatterton vivía en una buhardilla y se alimentaba, literalmente, de pan y vinagre. Un día de agosto de 1770, decidió que ya no quería seguir esperando. Se encerró, escribió algunas cartas —casi todas optimistas, como si temiera que su decisión fuera malinterpretada— y bebió veneno.

Murió solo. Pero su muerte no fue en vano. La noticia llegó a los oídos de los círculos literarios y, como suele ocurrir, el mito comenzó donde terminó la vida. Poetas como Wordsworth, Coleridge, Keats, y más tarde los franceses Baudelaire y Rimbaud, lo convirtieron en una figura sagrada del Romanticismo. Shelley le dedicó versos; Dante Gabriel Rossetti le rindió tributo; incluso Oscar Wilde lo citaba como el mártir de la Belleza.

¿Por qué nos fascina tanto Chatterton? ¿Por su talento precoz? ¿Por su pobreza digna? ¿Por su decisión de morir antes de vivir derrotado? Tal vez porque encarna una fantasía oscura pero persistente: la del artista que no transige, que no se vende, que escapa por la única puerta que el mundo no puede cerrar. En él, la muerte no fue fracaso, sino consagración. En una época que empezaba a venerar la sensibilidad, la melancolía y la rebelión contra lo establecido, Chatterton fue el primero en convertir su vida —y su muerte— en poema.

15. HEINRICH VON KLEIST

«Un alma como la mía no puede estar sujeta a la rutina del mundo».

Heinrich von Kleist fue uno de los grandes escritores del Romanticismo alemán, autor de dramas intensos, relatos perturbadores y textos filosóficos radicales. El 21 de noviembre de 1811, a los 34 años, se suicidó a orillas del lago Wannsee, cerca de Berlín, junto a Henriette Vogel, una mujer enferma terminal con la que había hecho un pacto de muerte. Él le disparó primero y luego se quitó la vida. Ambos dejaron cartas de despedida que hablaban de paz, libertad y belleza. Fue un final teatral, casi literario, como su obra artística.

Nacido en 1777 en una familia prusiana de militares, Kleist desafió desde joven el destino que le imponían. Abandonó el ejército para entregarse a los estudios, pero no encajaba ni en la academia ni en la burocracia. Su sensibilidad era extrema, su carácter, errático. Viajó, se desesperó, sufrió crisis existenciales. Encontró en la escritura su único asidero. Obras como *El cántaro roto*, *Michael Kohlhaas* o *La marquesa de O...* se cuentan entre las más brillantes e inquietantes de la literatura alemana. Su teatro está cargado de tensión moral, ambigüedad, desgarro. Era un romántico radical: creía que la vida era insatisfactoria por naturaleza y que la muerte podía ser una forma de verdad última. En una de sus cartas finales escribió: «El mundo no me ofrece ya nada que pueda satisfacerme. Me voy tranquilo, con una alegría interior que no creí posible».

Su suicidio fue escandaloso para la época. Se convirtió en símbolo del artista inadaptado, del alma trágica que no acepta los límites del mundo. Durante años, su obra fue ignorada o marginal. Hoy es reverenciado como un clásico imprescindible. Kafka lo leyó con devoción; Thomas Mann lo admiraba; Christa Wolf lo reconstruyó como mito moderno. Kleist no quiso vivir «una vida a medias». Su muerte fue un acto de amor, de desesperación y de afirmación poética. Su tumba aún mira al lago. Y sus palabras siguen sacudiendo a quienes, como él, sienten que la belleza no basta cuando el alma está rota.

16. Gérard de Nerval

«He encontrado el sol negro de la melancolía».

Gérard de Nerval no solo escribió como un visionario: vivió como un sonámbulo extraviado entre la poesía, la locura y la desesperación. Su suicidio, en una gélida madrugada de enero de 1855, fue la culminación de una existencia consagrada al arte y asediada por las sombras. Lo hallaron colgado de una reja, en una callejuela del París nocturno, con el sombrero aún puesto y una rosa marchita en el ojal. Había dejado una nota escueta: «No me esperes esta noche, porque la noche será negra y blanca».

Nacido en 1808 como Gérard Labrunie, adoptó el nombre literario de Nerval —tomado de una propiedad familiar— como si, desde el principio, hubiese preferido habitar un personaje antes que una identidad. Traductor magistral de Goethe, fue amigo de Víctor Hugo, Théophile Gautier y Heinrich Heine. Frecuentó los cafés, los salones… y también los manicomios. Escribió prosas alucinadas, sonetos visionarios y, sobre todo, *Aurelia*, esa obra inclasificable donde el sueño y la locura dialogan como espejos rotos.

Su vida fue un peregrinaje por lo invisible: buscaba señales ocultas en las calles de París, símbolos en los rostros, arquetipos sagrados en las mujeres. Sufría episodios psicóticos que lo alejaban de la realidad común y lo sumergían en un mundo paralelo de significados, como si su mente fuera una antena demasiado sensible para la sordera del mundo. En *Aurelia* escribió: «El sueño es una segunda vida». Y en su caso, quizás fue la única que le resultaba soportable. Las pérdidas amorosas, la incomprensión de sus contemporáneos, las crisis mentales y la precariedad económica acabaron por cercar su ánimo. Sin embargo, hasta el final, Nerval conservó una dignidad melancólica y extraña. No se quejaba: transmutaba el dolor en símbolo.

El lugar de su muerte tampoco fue casual: la Rue de la Vieille Lanterne, un pasaje sombrío que desaparecería poco después con las reformas haussmannianas. Como si él mismo hubiese querido esfumarse junto a su rincón.

Rimbaud, Baudelaire y los surrealistas lo veneraron como a un precursor. Para ellos, Nerval fue el poeta que atravesó el espejo y regresó con visiones demasiado intensas para este mundo. Un místico sin dogma. Un romántico que no buscaba el amor, sino la totalidad. Su suicidio, lejos de ser un gesto terminal, fue interpretado por algunos como un rito: una entrega final a ese «otro lado» que tanto había anhelado. Como si, por fin, hubiese hallado el umbral que desde siempre perseguía. Y en su silencio final aún resuena, como un eco del abismo, su verso más célebre: «*Je suis le ténébreux, —le veuf— l'inconsolé*».

17. MARIANO JOSÉ DE LARRA

«Escribir en Madrid es llorar».

Mariano José de Larra (1809–1837) fue uno de los escritores más lúcidos, irónicos y comprometidos del Romanticismo español. Su vida, como su obra, estuvo marcada por la insatisfacción, la crítica mordaz y un profundo desencanto con la realidad política, social y cultural de su país. Nacido en Madrid en una familia afrancesada, desde joven destacó por su agudeza intelectual. Bajo seudónimos como Fígaro o El Pobrecito Hablador, se convirtió en el gran cronista de la España de su tiempo. Su estilo, claro y elegante, se convirtió en arma punzante contra la ignorancia, el atraso, el absolutismo y la hipocresía. Artículos como «Vuelva usted mañana» o «El casarse pronto y mal» no han perdido vigencia.

Larra no solo fue un feroz crítico del exterior, también fue un hombre atormentado por contradicciones internas. Defensor del liberalismo, sufrió la censura y la decepción política. Su vida sentimental, marcada por una relación turbulenta y apasionada con Dolores Armijo —mujer casada y musa dolorosa— lo sumió en un estado de melancolía creciente. Cuando ella puso fin definitivo a su relación, el golpe fue insoportable. El 13 de febrero de 1837, con apenas 27 años, Mariano José de Larra se encerró en su despacho y se disparó un tiro en la sien con una pistola que guardaba desde su infancia. Fue su madre quien lo encontró agonizante. Su muerte causó conmoción en los círculos literarios. Su entierro fue multitudinario. Uno de los asistentes fue un joven poeta llamado José Zorrilla, quien ese día, inspirado por el luto y la admiración, empezó su camino literario.

Larra escribió desde el escepticismo, pero con la esperanza de una España mejor. Murió joven, con el corazón roto y el alma cansada, pero dejó una obra que sigue interrogando al lector moderno. Su suicidio no fue solo un acto de desesperación personal, sino el símbolo trágico de un país que parecía condenado a no comprender a sus mejores voces. Larra es, en palabras de Azorín, «el primer español moderno». Una pluma que supo iluminar las sombras de su tiempo, aunque la oscuridad lo venciera.

18. Camilo Castelo Branco

«La vida es un tormento escrito con lágrimas invisibles».

Camilo Castelo Branco vivió como escribió: al límite entre la exaltación romántica, el vértigo del deseo y el abismo de la desesperación. Su suicidio, el 1 de junio de 1890, no fue solo la clausura de una vida atormentada, sino también el epílogo trágico de uno de los espíritus más intensos de la literatura portuguesa. Ciego, enfermo y desgarrado por dolores físicos y morales, se disparó un tiro en la sien. Había dejado dicho, tiempo atrás: «Hay sufrimientos que solo se redimen con el silencio absoluto».

Nacido en Lisboa en 1825, pero criado en el norte de Portugal, Camilo vivió marcado por el desarraigo desde la infancia. Huérfano de madre y relegado al cuidado de parientes lejanos, encontró en la lectura —y luego en la escritura— un refugio tan febril como peligroso. Su pluma fue precoz, voraz, desbordante. A lo largo de su vida escribió más de doscientas obras: novelas, ensayos, dramas, sátiras, artículos y cartas. Pero su obra cumbre, *Amor de perdición* (1862), lo consagró como el gran trágico del alma portuguesa, heredero de Werther y precursor de Pessoa.

Camilo no fue un autor de gabinete, sino un apasionado absoluto. Se enamoró perdidamente de Ana Plácido, una mujer casada, por la que desafió las convenciones, la ley y la cárcel. Vivieron juntos después de escándalos, juicios y destierros. Pero ni siquiera el amor consumado trajo la paz: la melancolía, las deudas, las enfermedades y la culpa lo persiguieron siempre como una sombra tenaz. Como Nerval, vivió entre extremos. Era capaz de escribir con ironía cruel y, al instante, deslizarse hacia la ternura más desgarradora. La literatura, para él, no fue consuelo ni adorno, sino una forma de expiación. Su visión del mundo oscilaba entre el desencanto filosófico y un catolicismo oscuro, casi penitencial. A veces parecía escribir con sangre; otras, con ceniza.

El golpe final llegó con la ceguera. Privado de la vista —su herramienta, su mundo, su escape—, su mente quedó encerrada en un cuerpo que ya no respondía. En sus últimos días escribió cartas preñadas de dolor sereno, donde se percibe no la desesperación histérica, sino la fatiga de quien ha amado, sufrido y vivido demasiado. Su muerte, como su obra, dejó una estela de pesadumbre y admiración. Para la generación que lo sucedió, Camilo fue el último romántico genuino: el escritor que lo arriesgó todo —libertad, honra, salud, alma— por la intensidad de vivir y narrar. Hoy, en la cima de un acantilado en São Miguel de Seide, se alza su casa convertida en museo.

19. Saigō Takamori

«Es mejor morir con honor que vivir en la deshonra».

A Saigō Takamori se le conoce como *el último samurái*, y no es un título vacuo ni cinematográfico: su vida encarnó el final de una época y su muerte, el acto ritual con que se selló el destino de toda una clase guerrera. Como Minamoto no Yoshitsune, como Hōjō Ujimasa, Saigō no fue solo un militar: fue un símbolo. Pero a diferencia de ellos, vivió en un Japón ya tocado por la modernidad, donde la espada comenzaba a ceder ante el fusil, y el honor del guerrero se diluía bajo la lógica del Estado moderno.

Nacido en 1828, en la isla de Kyūshū, Saigō fue uno de los artífices de la Restauración Meiji, ese proceso decisivo que derrocó al *shogunato* Tokugawa y devolvió el poder nominal al emperador, abriendo las puertas a la modernización del país. Fue general, reformista, político influyente y héroe popular. Y sin embargo, el país que ayudó a construir pronto dejó de parecerle habitable. Pero los nuevos gobiernos reformistas comenzaron a desmontar el mundo que Saigō había amado: se abolieron los privilegios de los samuráis, se prohibió el porte de espadas, se impuso el servicio militar obligatorio y se occidentalizó el sistema legal. La vieja casta guerrera —noble, austera, feroz— se convirtió en un anacronismo. Saigō, decepcionado, se retiró de la vida pública. Y en 1877, encabezó la que sería la última rebelión samurái: la rebelión de Satsuma.

La guerra fue breve y violenta. Las tropas imperiales —armadas con rifles modernos, cañones y estrategias europeas— aplastaron a los insurgentes. Aun así, Saigō resistió hasta el final, herido de gravedad en la batalla de Shiroyama. Negándose a caer prisionero o a rendirse, pidió a uno de sus fieles que lo asistiera en el *seppuku*. Murió como había vivido: fiel a los valores que el tiempo estaba barriendo.

Su figura se convirtió rápidamente en leyenda. El emperador lo rehabilitó póstumamente. La literatura lo convirtió en arquetipo. La cultura popular —y más tarde el cine— lo encumbraron como símbolo de la dignidad perdida. En Japón, sigue siendo un héroe ambiguo: conservador y revolucionario, leal y rebelde, visionario y nostálgico.

Su suicidio no fue desesperación ni derrota: fue testamento. En un mundo que ya no entendía sus principios, Saigō eligió irse con ellos. Así, el último samurái desapareció en el humo de una batalla, pero su silueta permanece, firme, sobre el horizonte de la memoria japonesa.

20. Paul Lafargue

«Sano de cuerpo y espíritu, me mato antes de que la implacable vejez me robe uno a uno los goces y las alegrías de la existencia».

Paul Lafargue (1842–1911), médico, militante socialista y yerno de Karl Marx, fue uno de los pensadores más provocadores del socialismo del siglo XIX. Autor del célebre panfleto *El derecho a la pereza,* donde ridiculizaba la moral burguesa del trabajo como esclavitud moderna, Lafargue vivió con pasión sus ideales revolucionarios. Pero también murió conforme a ellos: su suicidio, meticulosamente planificado junto a su esposa Laura Marx, fue un acto político, filosófico y amoroso.

A los 69 años, tras una vida entera dedicada a la causa obrera, sin grandes enfermedades y con la mente aún lúcida, Lafargue dejó una nota final en la que expresaba su decisión de morir antes de que el desgaste de la vejez lo redujera a una sombra de sí mismo. Lo hizo por elección, no por desesperación. Rechazaba lo que llamaba «la vergüenza de sobrevivirse a sí mismo». Murió fiel a sus principios: negándose a la decrepitud, al sufrimiento inútil, a la pasividad forzada de la senectud. Su gesto no fue una huida, sino una afirmación radical de autonomía.

La pareja se suicidó con una dosis letal de ácido cianhídrico, tras compartir una cena tranquila y afectuosa. La carta póstuma de Lafargue es un documento impresionante por su claridad y firmeza: «Muero con la suprema alegría de saber que, en el curso de mi vida, no he traicionado nunca al socialismo». Laura, compañera de luchas y dolores, eligió morir con él, en un acto de amor absoluto.

El suicidio de los Lafargue causó conmoción en el mundo socialista y fue recibido con una mezcla de admiración y desconcierto. Para algunos, fue un acto heroico; para otros, una renuncia injustificada. Pero pocos podrían negar su coherencia: la vida para ellos fue lucha, conciencia, voluntad. Y la muerte, un acto final de libertad.

En la historia del pensamiento revolucionario, Paul Lafargue no solo dejó ideas incendiarias contra la alienación del trabajo; también dejó, en su muerte voluntaria, una lección ferozmente ética sobre el derecho a decidir el final propio, antes de que la vida lo imponga con crueldad.

21. Esteban Borrero Echeverría

«La dignidad también puede tomar la forma del silencio eterno».

Esteban Borrero Echeverría fue médico, escritor, pedagogo y pensador cubano. Figura notable del siglo XIX en la isla, su legado intelectual ha sido a menudo eclipsado por su trágico final. Se suicidó en 1906, a los 63 años, dejando una carta serena y lúcida en la que renunciaba a seguir viviendo en un país que ya no reconocía como suyo, tras haber consagrado su existencia a la enseñanza, la ciencia, la ética y el sueño de una Cuba libre y justa.

Nacido en Camagüey en 1849, se formó en La Habana y llegó a ser uno de los intelectuales más respetados de su tiempo. Ejerció la medicina con vocación profunda, enseñó filosofía con espíritu socrático, escribió ensayos, relatos y artículos con una prosa clara, moralmente comprometida. Fue un humanista en el sentido más alto del término: creía en la razón, en la justicia, y sobre todo en la educación como herramienta de redención colectiva. Es autor de *Lectura de Pascuas* (1899), considerado el primer libro de cuentos de la literatura nacional, donde ya se advertía su mirada crítica y su sensibilidad ética. En su casa de Puentes Grandes, junto al río Almendares, mantuvo durante años un círculo de tertulias intelectuales que convirtió aquel hogar en una pequeña república del espíritu, abierta a jóvenes poetas, médicos, librepensadores y artistas. Allí forjó una amistad entrañable con el joven Julián del Casal, a quien acogió como a un hijo del alma. Solían pasearse por los jardines de la casona hablando de literatura francesa, de metafísica, de la tristeza incurable del alma cubana. Borrero veía en Casal una fragilidad luminosa, una melancolía que él comprendía demasiado bien. La muerte prematura del poeta lo conmovió profundamente, como un presagio propio.

Padre de dos figuras notables —la precoz poetisa Juana Borrero, muerta en el exilio a los dieciocho años, y la pedagoga y escritora Dulce María Borrero— vivió también la tragedia del padre que sobrevive a su hija más talentosa. Esa herida, íntima y silenciosa, jamás cicatrizó. En sus últimos años, la joven república cubana se le volvió irreconocible. Su visión ética y austera de la vida pública chocaba con el arribismo, la corrupción y el pragmatismo sin ideales de la nueva clase política. Marginado, decepcionado, enfermo y solo tras la muerte de su esposa, decidió marcharse del mundo con la misma dignidad con la que había vivido.

Su suicidio no fue un gesto impulsivo, sino un acto deliberado y sereno: una forma extrema de coherencia ante un entorno que sentía moralmente degradado. En su carta final escribió que la muerte era, para él, una salida pacífica y necesaria, la única que le permitía preservar intactos sus principios. Su gesto dejó una profunda huella en la conciencia cultural de su tiempo. Fue llorado por los jóvenes que lo habían admirado, y también por quienes solo entonces comprendieron la altura moral de su figura. Su muerte, aunque trágica, fue también una lección silenciosa: la de quien prefiere el silencio eterno al compromiso con el cinismo. Como escribió alguna vez en uno de sus textos: «El que no puede ya enseñar con la palabra, tal vez deba enseñar con el gesto».

22. Luis II de Baviera

«Quiero seguir siendo un enigma eterno para mí y para los demás».

Luis II de Baviera (1845–1886) fue mucho más que un monarca: fue un soñador absoluto, un amante del arte, de la música de Wagner, de la arquitectura fantástica y del mundo onírico, que gobernó su reino como si fuera un escenario de ópera. Su figura, extravagante y trágica, se ha convertido en símbolo del romanticismo llevado hasta sus límites. Subió al trono con apenas 18 años, tras la muerte de su padre, y desde el principio mostró más interés por las artes y la contemplación que por la política. Su amistad —y posible amor no correspondido— por Richard Wagner marcó profundamente su vida. Financiador incondicional del compositor, Luis se convirtió en su mecenas y protector, permitiéndole crear algunas de sus obras más ambiciosas.

Su reinado estuvo marcado por una creciente desconexión con la realidad. Encerrado en su mundo interior, comenzó la construcción de castillos imposibles como Neuschwanstein, Linderhof y Herrenchiemsee, verdaderos monumentos a la fantasía, al pasado medieval idealizado y al absolutismo teatral. Pero ese derroche económico, sumado a su escasa implicación en los asuntos de Estado, alarmó al gobierno. En 1886 fue declarado oficialmente insano por un comité médico que nunca lo examinó directamente. Fue depuesto y recluido en el castillo de Berg, bajo vigilancia. El 13 de junio, al día siguiente de su detención, Luis salió a pasear con su psiquiatra, el doctor Bernhard von Gudden. Ambos fueron hallados muertos horas después, flotando en el lago Starnberg.

La versión oficial fue suicidio por ahogamiento, pero las circunstancias siguen envueltas en misterio. Luis era un gran nadador y su cuerpo no mostraba signos de lucha ni agua en los pulmones. Las teorías sobre asesinato, accidente o suicidio inducido han alimentado durante más de un siglo una leyenda que no se disipa. En cualquier caso, Luis II murió incomprendido, apartado por una sociedad que no supo tolerar su diferencia. Fue un monarca que, en lugar de buscar poder, persiguió la belleza absoluta. Su vida fue un poema trágico y su muerte, aún hoy, un enigma que sigue susurrando entre las torres de sus fantásticos castillos.

23. Manuel Acuña

«Si la vida no puede darme lo que el alma sueña, ¿por qué no entregarla al silencio?»

Manuel Acuña murió a los 24 años, con la misma intensidad con que vivió: envuelto en poesía, en ansias imposibles y en una melancolía que lo desbordaba. En la madrugada del 6 de diciembre de 1873, se envenenó con cianuro. Fue su forma de decir basta al dolor —y quizás también al amor— que lo atravesaba desde hacía tiempo. Su suicidio conmocionó a México. Fue el último acto romántico de un poeta joven que buscaba en la literatura lo que el mundo no le daba: plenitud, belleza y sentido.

Nacido en Saltillo en 1849, Acuña fue un joven brillante. Estudiante de medicina en la Universidad de México, dedicaba tantas horas al microscopio como al verso. Junto a poetas como Ignacio Ramírez y Guillermo Prieto, animó las veladas literarias más importantes del momento. Pronto, su talento lírico lo colocó en el centro de la escena cultural mexicana. Pero más allá de los aplausos y las alabanzas, en Acuña habitaba una tristeza callada. Sus versos destilan desesperanza, como si hubiese nacido viejo, dolido de un mundo al que no terminaba de pertenecer. Su poema más célebre, «Nocturno a Rosario», dedicado a Rosario de la Peña —su musa, su amor imposible, su herida abierta—, ha sido leído durante generaciones como un epitafio adelantado:

> *¡Pues bien! yo necesito*
> *decirte que te adoro,*
> *decirte que te quiero*
> *con todo el corazón…*

Pero no era solo el desamor lo que lo empujaba al borde del precipicio de la vida: era también un malestar más profundo, existencial, filosófico. En sus cartas y poemas se percibe una conciencia trágica del tiempo, de la futilidad de los sueños, de la imposibilidad de conciliar el alma con la realidad. Como Chatterton, como Silva, como Nerval, Acuña no quería morir… pero no encontraba razones suficientes para vivir.

La noche en que decidió quitarse la vida, escribió algunas cartas —una de ellas serena, lúcida— y tomó el veneno. Murió en su cuarto, solo, dejando tras de sí una obra breve, pero inmensamente influyente. Su funeral fue multitudinario: poetas, estudiantes, médicos, amigos. Todos sentían que habían perdido a un alma rara, luminosa y desbordada.

Después de su muerte, Rosario de la Peña fue señalada injustamente como responsable de su suicidio. Ella nunca dejó de llorarlo. Y México, con el tiempo, convirtió a Acuña en uno de sus grandes poetas trágicos: símbolo del amor imposible, del idealismo sin puerto, de la juventud sacrificada al fuego de la sensibilidad.

24. VINCENT VAN GOGH

«El dolor siempre estará ahí; lo importante es cómo se lo transforma».

Vincent van Gogh (1853–1890) es una de las figuras más fascinantes y trágicas del arte moderno. Pintor neerlandés, incomprendido en vida y venerado tras su muerte, su existencia fue una lucha feroz entre la genialidad creativa y la inestabilidad mental.

Nacido en Zundert, Países Bajos, Vincent vivió una vida errante y atormentada. Pasó por diversos oficios —pastor protestante, marchante de arte, maestro— hasta entregarse por completo a la pintura. Su producción artística fue tan intensa como breve: en apenas una década creó más de 900 cuadros y 1.600

dibujos, entre ellos obras maestras como *La noche estrellada*, *Los girasoles* y *La habitación de Arlés*.

Van Gogh pintaba con una urgencia febril, como si el arte fuera la única forma posible de supervivencia. Su estilo vibrante y emocional, cargado de color y movimiento, no fue comprendido en su tiempo. Vendió apenas un cuadro en vida y su salud mental fue deteriorándose rápidamente. Internado varias veces en hospitales psiquiátricos, su existencia se vio marcada por episodios de alucinaciones, delirios y depresiones profundas. Su famoso altercado con Paul Gauguin, que culminó con la automutilación de su oreja, es solo un indicio del tormento que padecía.

El 27 de julio de 1890, en Auvers-sur-Oise, Vincent salió al campo con una pistola y se disparó en el pecho. Sobrevivió al impacto y caminó de regreso a la posada donde se hospedaba. Murió dos días después, a los 37 años, en brazos de su hermano Theo, a quien había escrito cientos de cartas conmovedoras. La carta encontrada en su bolsillo decía: «La tristeza durará para siempre». Sin embargo, su legado desmiente esas palabras. Vincent van Gogh transformó su angustia en belleza, su aislamiento en comunión con el espectador, su locura en arte inmortal. Hoy su obra es símbolo universal de la sensibilidad profunda, de la lucha entre luz y oscuridad, de la capacidad humana para crear aun en medio del abismo.

25. Emilio Salgari

«He trabajado durante años, he creado centenares de personajes, he vivido mil aventuras… y todo para alimentar a mis hijos con letras».

Emilio Salgari fue el arquitecto de los sueños de generaciones enteras, el creador de Sandokán, el Tigre de Malasia, y del corsario negro que surcaba los mares con un código de honor más alto que la ley. Sin embargo, su vida fue todo lo contrario de las aventuras que narró: una travesía sin gloria, plagada de estrecheces, explotación editorial y dolor. Su suicidio, en 1911, fue el naufragio final de un hombre que había dado todo a la imaginación y no había recibido nada a cambio.

Nacido en Verona en 1862, soñó con ser marino, y aunque nunca llegó a viajar por los mares exóticos que describió con minuciosidad, sus novelas respiraban la atmósfera de los puertos coloniales, las selvas tropicales, las tormentas en el Índico y los juramentos de venganza entre piratas. Escribía con una velocidad asombrosa, a veces bajo contrato, a veces bajo coacción. Su producción fue colosal: más de ochenta novelas, cientos de cuentos, traducciones, adaptaciones. Pero todo a cambio de salarios miserables y derechos de autor inexistentes. Vivió para sostener a una familia numerosa y para pagar los cuidados de su esposa, aquejada de graves trastornos mentales. La presión, las deudas y la humillación fueron acumulándose. Su salud mental se deterioró. La industria editorial lo explotaba sin piedad, mientras él seguía creando mundos para los demás, mundos a los que él mismo no podía acceder.

El 25 de abril de 1911, tras dejar cartas a sus hijos y editores —una de ellas contenía una feroz denuncia contra los «mercaderes de las letras»—, Salgari se internó en un bosque cerca de Turín. Se abrió el vientre con una navaja, en un gesto trágico y ritual, a la manera del harakiri japonés que tanto había descrito en sus novelas de samuráis. Murió desangrado, como un personaje más de sus ficciones, con honor, con rabia, con una soledad absoluta. Años antes había escrito: «Sé escribir, solo escribir. Y me lo han pagado con la pobreza».

Hoy, sus libros siguen editándose, sus héroes continúan inspirando películas, cómics, sueños de libertad. Pero el hombre, el que vivía en un modesto departamento con los bolsillos vacíos y el corazón roto, murió sin saber que estaba formando el imaginario popular de un siglo entero. Su suicidio fue una forma de decir basta, pero también una llamada de atención sobre el destino de los creadores cuando el sistema los exprime y los olvida. Y en su silencio final, tal vez pueda escucharse el eco de Sandokán, gritando en nombre del hombre que lo soñó: «¡Por la justicia, por el honor, por la libertad!»

26. Ángel Ganivet

«Hay días en que la vida pesa más que las ideas».

Ángel Ganivet fue uno de los escritores más profundos y enigmáticos de la llamada Generación del 98: un pensador adelantado a su tiempo, cuyas reflexiones sobre el alma española, la identidad europea y la decadencia de Occidente resonaron con fuerza… pero no bastaron para salvarlo de sí mismo. El 29 de noviembre de 1898, con apenas 32 años, se arrojó al río Dvina en Riga (Letonia), donde ejercía como cónsul de España. Tras un primer intento fallido, regresó a la orilla y, poco después, volvió a lanzarse al agua, esta vez sin retorno. Su muerte fue tan trágica como simbólica: ocurrió solo semanas después del Desastre del 98, cuando España perdía sus últimas colonias y con ellas su lugar en el mundo.

Ganivet había nacido en Granada en 1865. Brillante estudiante, políglota, curioso, de salud frágil y temperamento melancólico, destacó desde joven por una inteligencia fuera de lo común. Su carrera diplomática lo llevó a Helsinki, Amberes y Riga, pero fue su labor como ensayista la que cimentó su legado intelectual. Su libro más célebre, *Idearium español*, es una meditación sobre el alma nacional, donde sostenía que la crisis de España no era solo política o económica, sino esencialmente espiritual. También escribió *La conquista del reino de Maya* (una sátira filosófica) y *Cartas finlandesas*, donde contrasta el idealismo escandinavo con la introspección española. Sus textos, a menudo aforísticos, revelan una mente lúcida, desengañada y profundamente ética.

Pero la sombra del suicidio lo rondaba desde tiempo atrás. Sufría de sífilis avanzada, su salud mental se deterioraba, y las crisis depresivas lo golpeaban con fuerza creciente. A ello se sumó el desengaño amoroso con Amelia Roldán —una relación frustrada y dolorosa— que lo sumió en una desesperación sin consuelo.

Antes de morir, dejó una carta a su amigo Francisco Navarro Ledesma, donde explicaba que su decisión era fruto del agotamiento físico y espiritual. No culpaba a nadie. Solo deseaba paz. La posteridad lo consagró como figura trágica del fin de siglo español. Su muerte fue leída como símbolo del naufragio colectivo de una nación que oscilaba entre el esplendor perdido del pasado imperial y un porvenir incierto. Fue un hombre que lo pensó todo… hasta que ya no pudo pensar más.

27. José Asunción Silva

«El dolor que no se nombra, mata en silencio».

José Asunción Silva fue uno de los grandes escritores del modernismo en Hispanoamérica, un poeta prodigioso que hizo de la melancolía una forma de arte. Su vida, breve y punzada de sombras, culminó con un disparo al corazón en la madrugada del 24 de mayo de 1896. Su suicidio fue tan silencioso, tan contenido, tan literario como sus versos.

Nacido en Bogotá en 1865, creció rodeado de libros y refinamiento, con una sensibilidad demasiado amplia para el mundo que lo rodeaba. Desde muy joven mostró una inteligencia excepcional y una propensión al pensamiento oscuro, introspectivo, casi metafísico. A los veinte años, ya era celebrado en los círculos intelectuales de Colombia y Europa. Pero como ocurre a menudo con los genios precoces, el sufrimiento lo alcanzó pronto. La muerte de su hermana Elvira en 1892 —confidente, inspiración, figura central en su universo afectivo— fue un golpe irreparable. En sus *Nocturnos*, especialmente en el célebre «Nocturno III», se escucha el eco de esa ausencia: «Una noche, / una noche toda llena de perfumes, de murmullos y de músicas de alas…». El verso fluye como un susurro que se niega a despertar. Su obra no grita: sangra.

Otro golpe llegó con la pérdida del manuscrito de su novela *De sobremesa*, extraviado misteriosamente en París cuando iba a ser impreso. A ello se sumaron las deudas familiares, el desencanto político y la sensación de estar atrapado en un país hostil a la vida del espíritu. Como un personaje trágico de su propia narrativa, Silva se volvió cada vez más reservado, introspectivo, ajeno al mundo.

La noche de su muerte fue cuidadosamente preparada. Dejó sus papeles ordenados, anotó sus deudas, escribió sus últimas cartas. Se acostó vestido, colocó el revólver sobre su pecho y se disparó. El balazo no solo acabó con su vida: inauguró su leyenda. Rubén Darío lo consideró uno de los suyos. Borges lo leyó con admiración. La posteridad lo ha consagrado como un maestro del ritmo, la imagen y el lamento contenido. Su muerte —como la de otros románticos y modernistas— fue un acto de retirada: un gesto de dignidad ante un mundo que no podía responder al anhelo del absoluto. Y, sin embargo, en su final hay una belleza que no se apaga. Porque Silva, al escribir con la delicadeza de un luto constante, convirtió el dolor en música.

28. Leopoldo Lugones

«He bebido hasta el fondo el vaso de la amargura».

Leopoldo Lugones fue un titán de las letras argentinas, un innovador del lenguaje, un intelectual de acción y pensamiento contradictorios. Fundador del modernismo rioplatense, mitógrafo nacional, astrónomo aficionado, promotor del positivismo y, más tarde, del autoritarismo, su vida fue tan intensa como su obra, y su final —un suicidio con cianuro en 1938— selló la tragedia de quien lo había sido todo y ya no encontraba un lugar en el mundo.

Nacido en 1874 en Córdoba (Argentina), Lugones irrumpió joven en la escena literaria con una fuerza avasallante. Fue periodista, ensayista, poeta, narrador, orador público. Con Rubén Darío y José Martí, fue de los primeros escritores modernistas, pero no se detuvo allí: se adentró en el simbolismo, en el criollismo, en el nacionalismo, en el esoterismo e incluso en la ciencia ficción. Su libro *Las fuerzas extrañas* es una joya precoz del género fantástico. Pasó del anarquismo juvenil al nacionalismo conservador. Fue defensor del orden, pero también soñador de utopías. En su célebre conferencia *El payador*, buscó consagrar al gaucho como el símbolo épico de la nación. Pero el país que él idealizaba se volvía cada vez más ajeno, más mezquino, más vulgar.

A ello se sumó la tragedia íntima: su hijo, Polo Lugones, se convirtió en jefe de policía e ideólogo de la picana eléctrica durante la dictadura de Uriburu, y su nombre quedó manchado por el horror. Además, Leopoldo vivía un amor prohibido y apasionado con una joven —la escritora Emilie— que fue impedido por presiones familiares y sociales. Solo, envejecido, apartado del poder, exiliado sentimentalmente de la vida que había soñado, Lugones se retiró a un pequeño hotel en El Tigre. Allí, el 18 de febrero de 1938, escribió una breve nota —«No puedo hacer otra cosa»— y bebió un vaso con cianuro. Murió sin escándalo, como quien ya ha dicho todo.

La noticia sacudió al país. Muchos vieron en su gesto final el eco de una ruptura interior imposible de reparar. Había sido un coloso de la palabra, pero ya no encontraba interlocutores. Había sido un forjador de símbolos, pero sus símbolos se volvieron cenizas. Y sin embargo, su legado literario resiste. Borges lo admiró. Cortázar lo citaba. Su sombra atraviesa la poesía argentina como un relámpago de ambición estética y profundidad. Su suicidio, como el de tantos creadores sensibles a la contradicción entre la idea y la realidad, fue un acto último de sinceridad: el gesto definitivo de quien no quiso sobrevivirse como caricatura de sí mismo.

29. Horacio Quiroga

«No temáis a la muerte. Temed no vivir lo suficiente».

Horacio Quiroga fue uno de los grandes cuentistas de la lengua española y, al mismo tiempo, un hombre marcado por una cadena implacable de tragedias. Maestro del cuento breve, narrador de lo salvaje, lo fantástico y lo inquietante, su vida pareció escrita por una mano oscura que tejía destinos funestos. Su suicidio, ocurrido el 19 de febrero de 1937, fue el último acto de una existencia vivida al filo.

Nacido en Salto (Uruguay) en 1878, Quiroga fue huérfano desde niño: su padre murió en un accidente de caza y su padrastro se suicidó. Años después, uno de sus mejores amigos se mató accidentalmente con un arma que él mismo manipulaba. Esa culpa lo persiguió siempre. Se trasladó a Buenos Aires, donde participó activamente en la vida literaria, pero fue en la selva misionera donde encontró su espacio mítico y su tema: la lucha brutal entre el hombre y la naturaleza. Allí vivió como un pionero, escribió como un poseso y padeció como un mártir.

Obras como *Cuentos de la selva*, *Los desterrados* o *Anaconda* muestran su dominio de la tensión narrativa y su fascinación por los límites: entre la cordura y la locura, la civilización y la barbarie, la vida y la muerte. Su estilo, directo, preciso, influenciado por Poe y Kipling, lo convirtió en modelo de generaciones futuras. Su *Decálogo del perfecto cuentista* sigue siendo una referencia para escritores de toda lengua.

Pero su vida privada fue un descenso continuo hacia la oscuridad: su esposa se suicidó en 1915, dejándolo solo con dos hijos. Él mismo cayó en depresiones cada vez más hondas. En 1937, tras ser diagnosticado con un cáncer terminal, se quitó la vida bebiendo cianuro en un hospital de Buenos Aires. Tenía 58 años.

Su muerte no fue una fuga, sino una afirmación última de su mirada lúcida y desesperada sobre la existencia. En su literatura, la muerte no era tragedia, sino certeza. Como escribió en uno de sus cuentos: «La muerte está allí, tranquila. Lo más natural del mundo».

30. Ryūnosuke Akutagawa

«Solo el temor a la locura me empuja hacia la muerte».

Ryūnosuke Akutagawa, considerado el padre del cuento moderno japonés, se quitó la vida a los 35 años, en pleno auge de su carrera literaria. Su suicidio, ocurrido en julio de 1927, no fue producto de un arrebato, sino de un largo proceso de descomposición interior: insomnio, alucinaciones, agotamiento nervioso y una angustia existencial que él mismo definió como «una vaga inquietud sobre mi porvenir». Esa frase, que escribió en su carta de despedida, se ha convertido en síntesis del suicidio moderno: ni heroico, ni romántico, ni ceremonial, sino cargado de cansancio.

Nacido en Tokio en 1892, Akutagawa fue un niño prodigio. Su madre sufrió trastornos mentales poco después de su nacimiento y él vivió siempre con el temor de heredar esa fragilidad. Estudió literatura inglesa, devoró a Poe, a Baudelaire, a Dostoyevski. Comenzó a publicar cuentos antes de cumplir los veinte. Su estilo, depurado y simbólico, ofrecía una mirada aguda sobre el alma humana, la culpa, la locura y los límites entre la realidad y la alucinación. Entre sus relatos más conocidos están «Rashōmon» y «En el bosque», que inspiraron la célebre película de Akira Kurosawa. Pero también escribió piezas más personales, como *Vida de un idiota*, donde ya se percibe el desmoronamiento de su psiquismo. En sus últimos años se volvió hipersensible, fóbico a la luz, atormentado por visiones. La presión del reconocimiento, la dificultad de sostener su delicado equilibrio mental y un miedo creciente a perder la razón lo empujaron al límite.

La noche del 24 de julio, mezcló una dosis letal de veronal con leche. Se acostó en su cama, rodeado de papeles. Murió con el rostro sereno. Dejó cartas de despedida a sus amigos, entre ellos a su mentor Natsume Sōseki, y también una nota para la posteridad, que decía: «La vida es como un cuento contado por un idiota, lleno de ruido y furia, que no significa nada».

Su suicidio dejó una marca indeleble en la literatura japonesa. A su memoria se le rinde homenaje cada año con el prestigioso Premio Akutagawa, entregado a los mejores escritores jóvenes del país. Su figura sigue viva como símbolo de la tensión entre el genio creativo y la fragilidad psicológica. Ryūnosuke Akutagawa no murió por desamor ni por fracaso, sino por exceso de conciencia. Para él, vivir era ver demasiado. Y al final, eligió cerrar los ojos por voluntad propia.

31. Marina Tsvietáieva

«Toda mi vida ha sido una carta sin respuesta».

Marina Tsvietáieva fue una de las grandes poetas rusas del siglo XX. Su voz esculpida en fuego y ausencia, en exilio y maternidad, en hambre y amor. El 31 de agosto de 1941, tras una existencia marcada por la guerra, la pérdida y la humillación, se ahorcó en una casa prestada en Yelábuga, al este de la Unión Soviética. Tenía 48 años. Dejó una nota pidiendo perdón.

Nacida en Moscú en 1892, Marina comenzó a escribir muy joven. Su talento era precoz, torrencial. Fue parte de la vanguardia simbolista rusa, pero su poesía siempre escapó a las etiquetas. Con la Revolución Rusa llegó el exilio: vivió en Berlín, Praga y París, siempre con penuria económica y rechazo político. Aunque escribió algunas de las obras más intensas del siglo —*El poeta y el tiempo, Después de Rusia, La historia de Sóniechka*—, en vida fue más admirada que publicada. Su vida familiar fue desgarradora: una hija muerta por hambre en un orfanato; un esposo (el exoficial soviético Serguéi Efrón) perseguido y luego ejecutado; otra hija detenida por el régimen. En 1939, empujada por la desesperación, regresó a la URSS. El gesto fue fatal: cayó en el círculo de sospecha, fue marginada, vigilada, negada.

En sus últimos meses, Marina escribía para sobrevivir: traducciones mal pagadas, trabajos domésticos. Ya no tenía casa, ni lectores, ni futuro. En una carta a su hijo escribió: «Estoy rota por dentro. No puedo más con este siglo que no tiene lugar para mí».

Murió sola. Su cuerpo fue enterrado en una fosa común. Durante décadas su nombre fue borrado o ignorado. Pero su poesía resistió. Y hoy, Marina Tsvietáieva es reconocida como una de las grandes voces poéticas del dolor humano. Su suicidio fue más que una tragedia: fue la consecuencia final de una vida arrasada por la historia, por los regímenes, por la indiferencia hacia lo sensible. Murió como vivió: con dignidad dolorosa. Con palabras que aún arden.

32. Florbela Espanca

«Matar o corpo é uma banalidade. Difícil é matar a alma».

Florbela Espanca fue una de las voces más intensas, desgarradas y originales de la poesía portuguesa del siglo xx. Poeta del deseo y del desencanto, del amor absoluto y del dolor sin tregua, su vida fue tan breve como luminosa, marcada por la lucha entre la pasión y la imposibilidad de ser feliz. Nació en Vila Viçosa el 8 de diciembre de 1894, hija ilegítima de Antónia da Conceição Lobo, una criada, y João Maria Espanca, fotógrafo y republicano ilustrado que no la reconoció legalmente hasta después de su muerte, aunque siempre ejerció de padre.

Desde niña mostró una imaginación desbordante y una sensibilidad extraordinaria. Fue pionera entre las mujeres de su tiempo: estudió en escuelas masculinas, se casó joven por amor, publicó en revistas, escribió cuentos y mantuvo un diario. En Lisboa estudió Derecho, siendo una de las primeras mujeres portuguesas en ingresar a la universidad, aunque no llegó a concluir sus estudios. Su vida sentimental fue turbulenta: tres matrimonios fallidos, varias pérdidas gestacionales, amores frustrados y rupturas que marcaron su equilibrio emocional. Su obra, profundamente lírica y confesional, explora las tensiones entre el cuerpo y el alma, entre el anhelo místico y el deseo carnal. *Livro de Mágoas* (1919) y *Livro de Soror Saudade* (1923) recogen su voz más íntima y doliente. Pero su madurez poética se alcanza en *Charneca em Flor* (publicado póstumamente en 1931), donde el erotismo, la tristeza y la intuición de la muerte se entrelazan con un lenguaje depurado, musical y desbordado de emoción. Su prosa tampoco pasó desapercibida: en sus cuentos y en su *Diário do Último Ano* se vislumbra la profundidad de su angustia, su lucidez crítica y su constante diálogo con la muerte.

El golpe más devastador llegó en 1927 con la muerte de su hermano Apeles, piloto aviador, a quien estaba profundamente unida. Escribió entonces el poema «A um moribundo», y su salud mental se agravó de forma irreversible. En los años siguientes, intentó suicidarse en varias ocasiones. Finalmente, el 8 de diciembre de 1930 —el día exacto en que cumplía 36 años— ingirió una sobredosis de barbitúricos. La encontraron al día siguiente, sola, con sus papeles en orden y una carta de despedida. En ella, no dejaba espacio al reproche: solo pedía paz.

Póstumamente, se publicaron *Charneca em Flor*, *Juvenília*, *Cartas de Florbela Espanca* y sus cuentos reunidos. Su figura creció con los años hasta convertirse en un mito: la poeta doliente, transgresora, víctima de un mundo que no supo comprender su fuerza interior ni su vulnerabilidad radical. Hoy, Florbela Espanca es leída como una precursora de la escritura femenina moderna y una de las grandes poetas en lengua portuguesa. Su voz —inconfundible, temblorosa, desafiante— sigue conmoviendo por su belleza dolida y su valentía emocional. Porque ella hizo del sufrimiento palabra, y de la palabra, un relámpago que aún ilumina.

33. Otto Weininger

«El yo verdadero no teme desaparecer, porque ha entendido su límite».

Otto Weininger fue uno de los pensadores más controvertidos, brillantes y autodestructivos de la Viena de fin de siglo. Su suicidio, a los 23 años, apenas unos meses después de publicar su única obra filosófica, *Sexo y carácter*, fue tan fulminante como su paso por la vida. Murió como vivió: convencido de que el mundo no podía darle redención, y que solo la muerte podía cerrar con coherencia su pensamiento.

Nacido en Viena en 1880, en el seno de una familia judía, se bautizó protestante a los veinte años, y escribió su tesis doctoral —el germen de su único libro— a los veintiuno. Su obra, publicada en 1903, fue un compendio de filosofía moral, teoría sexual y psicología moderna, todo ello teñido por un espíritu profundamente metafísico y polémico. En ella, Weininger sostenía ideas tan provocadoras como que lo masculino era sinónimo de razón, libertad y espíritu, mientras que lo femenino representaba lo opuesto: cuerpo, inconsciencia, materia.

Su misoginia extrema —que él mismo dirigía también contra sí— ha sido objeto de durísimas críticas, y sin duda refleja una autoimagen desgarrada. Weininger no odiaba a las mujeres: se odiaba a sí mismo por contener lo que él consideraba lo «femenino» dentro de su propio ser. Su lucha era una batalla interior, radical y sin tregua. Y como tantos místicos sin consuelo, buscó en la muerte la única coherencia posible. El 3 de octubre de 1903, alquiló una habitación en la casa donde había muerto Beethoven —el héroe espiritual que veneraba—, y se disparó en el pecho. Lo hallaron con el libro sobre la mesa y el cuerpo aún tibio. Tenía apenas 23 años.

Su suicidio no fue un gesto desesperado. En sus notas finales hay una combinación de lucidez filosófica y abismo moral. Se había declarado incapaz de alcanzar la pureza del espíritu, y por tanto, indigno de vivir. Fue, a su manera enfermiza, una forma de autojuicio moral sin absolución. A pesar de sus ideas extremas, *Sexo y carácter* fue admirado por figuras tan dispares como Wittgenstein, Karl Kraus o August Strindberg. Y aunque su filosofía no ha resistido el paso del tiempo en sus aspectos más reaccionarios, su intensidad intelectual, su honestidad brutal y su valentía para llevar el pensamiento hasta sus últimas consecuencias han seguido provocando una mezcla de rechazo y fascinación.

En Weininger, como en tantos románticos tardíos, el suicidio fue la consecuencia lógica de una vida pensada con demasiado rigor. Murió juzgándose a sí mismo, y ejecutando la sentencia. Su vida fue breve, pero su huella —como un cuchillo que corta el pensamiento— sigue latiendo en las bibliotecas oscuras del alma moderna.

34. STEFAN ZWEIG

«He saludado con gratitud a la vida. Y me despido de ella sin odio».

Stefan Zweig, una de las voces más sensibles, cosmopolitas y humanistas de la Europa de entreguerras, se suicidó junto a su esposa Lotte Altmann, el 22 de febrero de 1942, en Petrópolis, Brasil. Lo hizo con una sobredosis de barbitúricos, tras dejar una carta serena y dolida, donde afirmaba que no podía seguir viviendo en un mundo arrasado por el odio, el exilio y la destrucción de todo lo que amaba: Europa, la cultura, la tolerancia.

Nacido en Viena en 1881, Zweig fue un escritor precoz, políglota y refinado. Poeta, narrador, dramaturgo, ensayista y biógrafo de figuras como Montaigne, Nietzsche, María Antonieta o Erasmo de Róterdam, fue también un viajero incansable y un defensor apasionado del entendimiento entre los pueblos. Su prosa cálida, envolvente, humanista, conquistó a lectores de todo el mundo. Obras como *Carta de una desconocida* y *Momentos estelares de la humanidad* aún deslumbran por su penetración psicológica y su intensidad emocional.

La ascensión del nazismo lo hirió en lo más profundo. Judío, liberal y europeísta convencido, fue censurado, perseguido y obligado al exilio. Dejó atrás su biblioteca, su casa y su lengua. De Londres a Nueva York, de Buenos Aires a Río de Janeiro, su vida se convirtió en una huida sin retorno. Brasil le ofreció una última morada, pero no un verdadero hogar. Allí, en la pequeña ciudad de Petrópolis, escribió su obra póstuma, *El mundo de ayer*, memorias melancólicas de una Europa culta, luminosa y civilizada que se había desmoronado bajo las botas del totalitarismo.

En su carta de despedida escribió: «Creo que es mejor concluir en buen orden una vida en la que el trabajo intelectual ha significado la mayor alegría y la libertad personal el más alto bien en la tierra».

El suicidio de Zweig no fue fruto de una derrota íntima, sino de una desesperanza histórica. No podía concebir una existencia desarraigada de sus ideales. Se despidió del mundo con palabras de gratitud y sin rencor. Su gesto fue comprendido por muchos como el último grito silencioso de una civilización en ruinas. Su defensa apasionada de la cultura, su mirada universal y su compromiso con la dignidad humana resuenan con renovada vigencia en tiempos de nuevos exilios y nuevas guerras. Su muerte voluntaria no oscurece su legado: lo vuelve más humano, más hondo, más urgente.

35. Virginia Woolf

«No puedo seguir luchando. He perdido de nuevo mi vida».

La muerte de Virginia Woolf no fue un arrebato, sino una despedida larga y profundamente meditada. Fue el gesto final de una mente brillante que había dado demasiado, que había luchado contra el mundo —y contra sí misma— durante décadas. El 28 de marzo de 1941, se puso un abrigo, llenó sus bolsillos de piedras y se internó lentamente en el río Ouse, cerca de su casa en Sussex. Su cuerpo fue hallado semanas después.

Tenía 59 años, y había dejado dos cartas: una para su hermana Vanessa, otra para su esposo Leonard. En esta última se lee: «Querido, estoy segura de que me estoy volviendo loca otra vez. Siento que no podemos pasar por otra de esas terribles épocas.

Y esta vez no me recuperaré. Empiezo a oír voces y no puedo concentrarme. Así que hago lo que me parece lo mejor. Me has dado la mayor felicidad posible. Has sido en todos los sentidos todo lo que uno podría ser. No creo que dos personas pudieran haber sido más felices hasta que llegó esta terrible enfermedad».

Virginia Woolf fue una de las escritoras más revolucionarias del siglo xx. Fundadora del grupo de Bloomsbury, narradora audaz, crítica literaria aguda, defensora de la voz femenina en la literatura y en la historia. En novelas como *Mrs. Dalloway*, *Al faro* o *Las olas*, rompió con las estructuras narrativas tradicionales y exploró, con una prosa envolvente y sutil, los estados interiores, la percepción del tiempo, el flujo de conciencia. Pero también fue una mujer profundamente vulnerable. Desde muy joven padeció crisis depresivas, alucinaciones auditivas, periodos de encierro mental que la paralizaban durante semanas. En *Una habitación propia* defendió que una mujer necesita independencia económica y personal para escribir; pero sabía bien que eso no garantizaba la paz interior.

Su muerte no fue sólo una huida del dolor, sino una decisión lúcida ante la amenaza del colapso total. La Segunda Guerra Mundial, el bombardeo de Londres, el temor de que su enfermedad la dominara irremediablemente, la llevaron a tomar esa determinación: marcharse antes de ser absorbida por las sombras. Sus diarios y cartas, publicados póstumamente, muestran una inteligencia penetrante, un sentido del humor sutil, y una sensibilidad casi sin defensa ante la brutalidad del mundo.

36. Walter Benjamin

«No hay un documento de cultura que no lo sea también de barbarie».

En la noche del 25 al 26 de septiembre de 1940, en la pequeña localidad fronteriza de Portbou, en los Pirineos catalanes, se extinguió una de las mentes más lúcidas y enigmáticas del pensamiento europeo del siglo xx. Walter Benjamin, filósofo, crítico literario y ensayista alemán de origen judío, puso fin a su vida con una sobredosis de morfina, cuando supo que las autoridades franquistas no le permitirían cruzar a España. Con ese gesto, selló su nombre entre los mártires del exilio y la desesperación.

Nacido en Berlín en 1892, Benjamin fue un espíritu inquieto y fronterizo en todos los sentidos: entre la literatura y la filosofía, entre la religión y el marxismo, entre la mística judía y la crítica cultural moderna. Su pensamiento osciló siempre entre lo sagrado y lo político, entre la poesía y la revolución. Escribió sobre Charles Baudelaire, Franz Kafka, Marcel Proust, el romanticismo alemán y el surrealismo, pero también sobre juguetes, pasajes comerciales y figuras urbanas como el *flâneur*. Uno de sus ensayos más célebres, *La obra de arte en la época de su reproductibilidad técnica*, planteó cómo los nuevos medios —la fotografía, el cine— transformaban la experiencia estética al eliminar el aura de lo irrepetible. En vida, apenas publicó unos pocos trabajos, siempre con dificultades, a menudo incomprendido, aunque profundamente admirado por contemporáneos como Gershom Scholem, su gran amigo y especialista en mística judía, el dramaturgo Bertolt Brecht, y el filósofo Theodor W. Adorno, quien más tarde custodiaría parte de su legado.

El ascenso del nazismo lo obligó a huir de Alemania. Tras años de penuria en París y con la inminente ocupación alemana, Benjamin emprendió una huida desesperada hacia España, con la esperanza de llegar a Lisboa y desde allí embarcar hacia Estados Unidos, donde lo esperaban algunos amigos del Instituto de Investigaciones Sociales. Pero en Portbou, tras una agotadora travesía a pie por la montaña, las autoridades le comunicaron que no podía continuar su viaje. Aislado, enfermo del corazón, sin recursos ni posibilidad de retroceder, temiendo ser entregado a la Gestapo, decidió morir antes que caer en manos del enemigo. Su cuerpo fue hallado sin vida en la habitación del modesto hotel donde se hospedaba.

Fue enterrado en el pequeño cementerio de Portbou, bajo una lápida sin nombre, apenas un número, como si su destino hubiese querido fundirse con el anonimato de los que no cruzan las fronteras. Solo con el tiempo su figura se convirtió en un emblema de la melancolía crítica, del intelectual errante, del testigo de un siglo convulso que, como escribió él mismo en una imagen inolvidable, caminaba hacia el desastre como un ángel que vuela de espaldas, arrastrado por el viento de la historia, mientras contempla las ruinas que deja tras de sí. Esa figura es el «Ángel de la Historia», inspirada en una pintura de Paul Klee que Benjamin atesoraba: el rostro vuelto hacia el pasado, las alas atrapadas en una tormenta que lo empuja hacia el futuro.

Poco antes de su muerte redactó sus célebres *Tesis sobre la historia*, un texto breve y fulgurante donde dejó una de sus frases más citadas: «No hay un documento de cultura que no lo sea también de barbarie». En esa sentencia condensó la sospecha de que todo logro de la civilización arrastra consigo una sombra de violencia y olvido. Y acaso su propia muerte —silenciosa, clandestina, ocurrida en un lugar de paso— fue el último acto filosófico de una vida entera consagrada a pensar en las ruinas del progreso.

37. ALFONSINA STORNI

«Voy a dormir… dejaré que el mar me cierre los ojos».

El suicidio de Alfonsina Storni no fue solo un gesto personal: fue un acto poético. La mañana del 25 de octubre de 1938, la escritora argentina caminó hacia el mar en la ciudad de Mar del

Plata y se adentró en las aguas para no regresar. Enferma, cansada, dolida, dejó tras de sí una carta-poema que aún hoy conmueve con su belleza final: *Voy a dormir*, publicada póstumamente en el diario *La Nación*. Su muerte se convirtió en símbolo de valentía íntima, de dolor sublimado y de una despedida que no gritó, sino que cantó.

Nacida en Suiza en 1892 y radicada desde niña en Argentina, Alfonsina fue una de las voces más potentes del modernismo y del feminismo literario en lengua española. Trabajó como maestra, periodista y escritora en un país que aún no comprendía del todo a una mujer que hablaba con desparpajo del cuerpo, del deseo y de la independencia. Crio sola a su hijo, combatió con palabras la hipocresía social, y publicó libros fundamentales como *La inquietud del rosal, Mundo de siete pozos* o *Mascarilla y trébol*. Su poesía fue evolucionando de la estética refinada a un lirismo cada vez más descarnado y personal. En ella habitan el mar, la carne, la noche, la herida. Su voz oscila entre la ironía, la dulzura y una melancolía que parece mirar siempre un poco más allá.

En 1935 le diagnosticaron un cáncer de mama. Fue operada, pero la enfermedad la sumió en un estado de angustia y fragilidad creciente. En sus cartas se vislumbra el temor a la decadencia física, el rechazo a la dependencia y, sobre todo, el deseo de decidir su final. El suicidio no fue para ella una derrota, sino una forma de afirmar el control sobre su cuerpo y su destino.

> *Te dejo el sol,*
> *y el mar, y el cielo,*
> *y el alma mía que ya no quiere más.*
> *(Voy a dormir)*

La leyenda —embellecida por la canción de Ariel Ramírez y Félix Luna— dice que se internó lentamente en el mar. Otros sugieren que se arrojó desde un espigón. Lo cierto es que su despedida fue coherente con su obra: honda, digna, trágicamente serena. No hubo escándalo, solo una ausencia que pronto se volvió presencia en la memoria literaria del continente. Alfonsina es más que una poeta: es un emblema. Su nombre, sus versos, su decisión siguen conmoviendo por su integridad estética y humana. No fue vencida: eligió marcharse antes de que el dolor la despojara de lo que ella más valoraba: su autonomía.

38. Vladímir Maiakovski

«La barca del amor se ha estrellado contra la vida cotidiana».

Vladímir Maiakovski (1893–1930), el poeta del trueno y de la revolución, vivió con la intensidad de quien escribe con dinamita. Figura central del futurismo ruso, trovador del comunismo incipiente y alma incandescente del arte de vanguardia, fue también, paradójicamente, una de las víctimas más trágicas del mismo sistema que ayudó a soñar. Su suicidio, ocurrido el 14 de abril de 1930 con un disparo en el corazón, fue el estallido final de una existencia marcada por la contradicción entre el fuego ideológico y la desolación íntima.

Maiakovski fue muchas cosas: agitador de multitudes, dramaturgo, cartelista, amante incansable, poeta de amor desgarrado y de consignas ardientes. Pero en su interior crecía un abismo. Su pasión por Lili Brik —musa, amante y tormento—, sus tensiones con la burocracia soviética, el desencanto progresivo con una revolución que empezaba a devorar a sus hijos, y una profunda soledad afectiva fueron minando su espíritu. En su nota de despedida —seca, lapidaria— escribió: «No culpéis a nadie de mi muerte, por favor. El difunto lo detestaba». Y también:

«La barca del amor se ha estrellado contra la vida cotidiana». Esa frase condensa todo el drama de Maiakovski: el poeta que aspiraba a transformar el mundo con palabras y terminó aplastado por el peso insoportable de lo real.

Su suicidio no fue una fuga, sino una declaración última, un gesto que se inscribe en la lógica violenta de su propia poética. Si su vida fue un grito, su muerte fue un punto final con pólvora. El hombre que soñó con fundir el arte y la política, que proclamó que «la poesía es un taller», acabó vencido por una mezcla letal de censura, desamor y desencanto ideológico.

Tras su muerte, el régimen intentó convertirlo en mártir oficial de la cultura soviética, borrando el conflicto, edulcorando la rebeldía. Pero Maiakovski no fue un poeta dócil. Fue un volcán, y su final es testimonio de una lucha brutal entre la utopía colectiva y el dolor privado. En su muerte, como en su obra, se oye el estruendo de alguien que vivió —y cayó— a una altura peligrosa.

39. Serguéi Yesenin

«No culpen a nadie de mi muerte. Y no se quejen. Esta es la nueva vía».

Serguéi Yesenin fue uno de los poetas más celebrados y controvertidos de la Rusia posrevolucionaria. Amado por el pueblo, admirado por intelectuales y artistas, fue también una figura excesiva, trágica y desbordada por su propio mito. Se suicidó el 28 de diciembre de 1925, a los 30 años, colgándose con un cinturón de seda en la habitación de un hotel de Leningrado. Había dejado escrita, con su propia sangre, una despedida que aún estremece.

Nacido en 1895 en una aldea campesina, Yesenin fue un joven precoz y carismático. Conectó la tradición popular rusa con la modernidad poética. Cantó al campo, al vodka, al amor, a la melancolía y al alma nacional. Su estilo, lírico y apasionado, lo convirtió en ídolo de masas y en protagonista de escándalos públicos. Su físico de «ángel campesino» contrastaba con su vida tumultuosa, marcada por el alcohol, las peleas y los amores turbulentos (entre ellos, con la bailarina Isadora Duncan, con quien estuvo casado).

La llegada del régimen soviético afectó profundamente su espíritu. Aunque al principio simpatizó con la revolución, luego fue marginado, vigilado y censurado. Cayó en una depresión profunda, con varios ingresos en clínicas psiquiátricas. Su última carta-poema, escrita en sangre por falta de tinta, decía:

Adiós, mi amigo, sin apretón de manos,
no te entristezcas ni frunzas el ceño.
Morir no es nuevo en esta vida,
pero tampoco es nuevo vivir.

La versión oficial habla de suicidio, aunque siempre ha habido sospechas de asesinato político disfrazado. Sea cual sea la verdad última, su gesto final forma parte del imaginario ruso: el poeta que no pudo vivir en el mundo que tanto amó y tanto lo traicionó. Yesenin sigue siendo leído, cantado y venerado. Su figura ha sobrevivido al tiempo como símbolo del alma rusa rota y bella. Como escribió Pasternak: «En Yesenin, la poesía fue forma de morir en vida… y de vivir después de muerto».

40. JACQUES RIGAUT

«La muerte es una palabra, y yo juego con las palabras».

Jacques Rigaut (1898–1929) fue uno de los poetas más enigmáticos del surrealismo francés y quizás el más coherente con su obsesión: el suicidio. Desde muy joven convirtió su futura muerte en tema central de su escritura, en lema de vida y, finalmente, en acto deliberado y meticulosamente preparado.

Nacido en París en el seno de una familia burguesa, Rigaut participó en la Primera Guerra Mundial, experiencia que lo marcó con una profunda desilusión hacia la civilización y sus valores. Al regresar, se unió al movimiento dadaísta y luego orbitó en torno al surrealismo, aunque sin comprometerse del todo. Su actitud irónica, su lucidez cortante y su nihilismo le ganaron respeto y temor a partes iguales.

Rigaut no hablaba de la muerte: la pensaba, la escribía, la ensayaba. Anunció su propósito vital con una frase legendaria: «El suicidio está en mi programa; no lo olvidéis, queridos amigos. Es el acto más coherente de mi vida». No era una metáfora: vivió con la muerte como horizonte inevitable y deseado.

En 1928 fundó una ficticia Agencia General del Suicidio, donde ensayaba con humor negro distintas formas de quitarse la vida. Pero no era solo una provocación artística: en sus escritos se filtra una melancolía pura, sin redención, tan intelectual como desesperada. En uno de sus aforismos dejó escrito: «Morir es un acto sin porvenir».

Se suicidó el 9 de noviembre de 1929 con un disparo en el corazón, tras colocarse almohadas sobre el pecho para reducir el ruido del disparo. Llevaba una regla en el bolsillo para asegurarse de apuntar exactamente al corazón. Murió solo, en silencio, en una habitación alquilada, después de ordenar cuidadosamente sus pertenencias.

Fue tan fiel a su ideal suicida que inspiró a Michel Bernanos y a Louis Malle: este último basó su célebre película *El fuego fatuo* (1963) en su figura. La novela de Pierre Drieu La Rochelle, *Le feu follet*, también está inspirada en Rigaut. La suya no fue una muerte por impulso, ni un gesto de desesperación momentánea: fue la consumación estética y filosófica de una vida pensada desde la muerte. En Rigaut, el suicidio fue una obra.

41. ERNEST HEMINGWAY

«El hombre puede ser destruido, pero no derrotado».

Ernest Hemingway puso fin a su vida con una escopeta el 2 de julio de 1961, en su casa de Ketchum, Idaho. Tenía 61 años. Ganador del Premio Nobel, cronista de guerras, figura central del siglo XX, su suicidio fue una detonación sísmica en la literatura universal. El hombre que había construido un mito alrededor del coraje, la virilidad y la escritura austera, murió solo, derrotado por una enfermedad mental que no pudo enfrentar con armas ni palabras.

Nacido en 1899 en Oak Park, Illinois, Hemingway vivió con una intensidad casi programada para el relato: condujo ambulancias en la Primera Guerra Mundial, cazó en África, pescó en Cuba, cubrió la Guerra Civil Española y la liberación de París. Fue boxeador, bebedor, viajero, cronista, amante tormentoso. Y, por encima de todo, escritor. Su prosa seca, económica, transformó para siempre el estilo narrativo en inglés. Obras como *El viejo y el mar, Adiós a las armas, Por quién doblan las campanas* o *Fiesta* no solo le dieron fama: redefinieron la mirada moderna sobre el heroísmo, el dolor y el fracaso.

Pero detrás del mito, Hemingway arrastraba una fragilidad creciente. Padecía episodios depresivos, paranoia, alucinaciones. Fue internado varias veces en clínicas psiquiátricas. Sufría de hemocromatosis, una enfermedad degenerativa que afectaba su sistema nervioso. Temía perder la lucidez, y con ella, su identidad. La escritura se le volvió imposible. La vida, también.

La mañana de su muerte, tomó una de sus escopetas favoritas, se la colocó en la boca y apretó el gatillo. El mismo método que había usado su padre —y más tarde otros miembros de su familia. En su caso, la tragedia parecía transmitirse como una estirpe.

Hemingway dejó una obra monumental, pero también una advertencia: que ni el éxito, ni la fama, ni la gloria literaria bastan para contener el abismo de la mente. Su suicidio fue la sombra final de una vida escrita con sangre, sudor y silencio. Y sin embargo, como en sus novelas, su muerte no borró el valor de la lucha. Porque si algo dejó claro en sus páginas fue que resistir, incluso cuando todo se pierde, sigue siendo una forma de grandeza.

42. Mark Rothko

«Creciendo en la mente del espectador»

Mark Rothko, nacido como Marcus Rothkowitz en 1903 en Dvinsk (entonces parte del Imperio Ruso, hoy Letonia), fue uno de los grandes pioneros del expresionismo abstracto en Estados Unidos. De origen judío, emigró con su familia a Portland, Oregón, en 1913. A lo largo de su carrera, su obra evolucionó desde el surrealismo y el arte figurativo hacia un lenguaje propio: vastos lienzos de campos de color vibrante, donde el espectador podía hundirse emocionalmente. Para Rothko, pintar era una forma de invocar lo sagrado, de crear una experiencia casi mística. «No pinto formas, pinto emociones», llegó a decir.

Durante las décadas de 1950 y 1960, alcanzó reconocimiento internacional, aunque nunca se sintió del todo cómodo con la fama. Su serie de pinturas murales para el restaurante Four Seasons en el Seagram Building es célebre, no solo por su intensidad oscura y monumental, sino porque Rothko, tras reflexionar sobre el propósito comercial del espacio, decidió devolver el pago y quedarse con las obras: no quería que su arte fuera mera decoración para los ricos.

La última etapa de su vida estuvo marcada por la depresión, el deterioro físico y el desencanto. Separado de su esposa, aquejado por problemas de salud graves (un aneurisma aórtico que limitaba su movilidad), y con crecientes conflictos con sus galeristas y colegas, Rothko parecía cada vez más replegado sobre sí mismo. Su paleta también se volvió sombría: los colores vivos dieron paso a tonos oscuros, violáceos, casi fúnebres. El 25 de febrero de 1970, Rothko fue hallado muerto en su estudio de Nueva York. Se había cortado las venas de los brazos con una cuchilla de afeitar y había ingerido una dosis letal de barbitúricos. Tenía 66 años. En la habitación estaban sus obras más recientes: lienzos oscuros, silenciosos, casi monacales.

Su muerte dejó una huella indeleble en el mundo del arte contemporáneo. Fue interpretada no solo como el acto final de una vida atormentada, sino como un eco trágico del silencio que sus cuadros buscaban expresar. Rothko no firmaba sus obras al frente; quería que el espectador se enfrentara al color sin distracciones, sin nombre. Tal vez, en su muerte, buscó también fundirse con esa ausencia. Afirmó: «Un cuadro vive por compañía, expandiéndose y creciendo en la mente del espectador».

43. ARSHILE GORKY
«El dolor pinta más hondo que el color».

Arshile Gorky, pintor armenio-estadounidense y figura clave en la transición hacia el expresionismo abstracto, se ahorcó en su estudio el 21 de julio de 1948. Tenía 44 años. Su vida, trágicamente signada por el exilio, el sufrimiento físico y emocional, y una inquebrantable entrega al arte, encontró en el suicidio no una renuncia, sino un punto final inevitable después de una cadena de pérdidas irreparables.

Nacido en 1904 como Vosdanig Manoug Adoian en lo que hoy es Turquía, sobrevivió de niño al genocidio armenio y emigró a Estados Unidos. Allí cambió de nombre —tomando «Gorky» en alusión al escritor ruso Máximo Gorki— y construyó una identidad artística a partir del desarraigo, la reinvención y la búsqueda de belleza en la herida.

Gorky fue un autodidacta obsesivo. Su obra pasó por etapas cubistas, surrealistas y finalmente, una abstracción lírica profundamente personal. Sus formas orgánicas, sus líneas flotantes y sus colores tenues transmiten una intensidad emocional comparable a la de sus contemporáneos como Rothko o Pollock, aunque con una voz única, melancólica y silenciosa. Pero su vida personal fue devastadora. En los años previos a su muerte sufrió una serie de golpes fatales: un incendio destruyó muchas de sus obras; se le diagnosticó un cáncer rectal; su esposa lo abandonó; y un accidente automovilístico le paralizó el brazo derecho, imposibilitándole pintar con normalidad. Todo lo que lo sostenía —el cuerpo, el amor, el arte— se desmoronó en un corto periodo de tiempo.

Su suicidio fue un final doloroso pero casi anunciado. En sus cartas y escritos se percibía una conciencia aguda del sufrimiento, pero también un deseo de redención que la vida no le concedió. En sus últimos cuadros, las formas parecían apagarse, como si ya no buscaran gritar, sino desaparecer.

44. Arthur Koestler

«La muerte es un arte y también un acto de voluntad».

Arthur Koestler (1905–1983), escritor húngaro de origen judío y nacionalizado británico, fue una de las voces más influyentes del pensamiento europeo del siglo xx. Intelectual comprometido, cronista de su tiempo, autor de la aclamada novela *El cero y el infinito*, se suicidó con barbitúricos en su casa de Londres junto a su esposa, Cynthia, el 1 de marzo de 1983.

Koestler había vivido con intensidad casi todas las grandes corrientes ideológicas de su siglo: fue sionista en su juventud, comunista convencido en los años treinta, prisionero de guerra de los franquistas durante la Guerra Civil Española, y finalmente un ferviente crítico del totalitarismo. Su ruptura con el estalinismo fue tan dolorosa como fértil: *El cero y el infinito* (1940) es una de las mejores novelas sobre los procesos purgatorios del estalinismo, tan potente en su denuncia como en su resonancia filosófica.

En sus últimos años padecía leucemia y la enfermedad de Parkinson. Su suicidio no fue fruto del dolor físico, sino de una convicción ética: «No deseo que la enfermedad me prive de mi autonomía personal y mental. Prefiero quitarme la vida mientras aún tengo dominio de mis facultades». En su nota de despedida escribió: «El propósito de esta nota es dejar inequívocamente claro que tengo la intención de suicidarme tomando una sobredosis de drogas sin el conocimiento o la ayuda de ninguna otra persona».

La sorpresa fue que su esposa, Cynthia Jefferies, sin enfermedad alguna, decidió morir con él. Este hecho provocó un intenso debate ético en el Reino Unido y en el mundo literario: ¿amor absoluto o influencia desequilibrante? ¿libre albedrío o sometimiento?

Koestler defendió durante su vida el derecho a una muerte digna. Fue miembro activo de la Voluntary Euthanasia Society y escribió textos donde abogaba por el suicidio racional. Su muerte, por tanto, fue una afirmación de su libertad última, coherente con su pensamiento crítico, con su visión trágica y lúcida del ser humano. Fue —como tantos otros en este libro— alguien que vivió con intensidad feroz, y que eligió la salida menos hipócrita para sí mismo. Su legado sigue vigente en los terrenos de la ética, la literatura, la política y la filosofía.

45. Klaus Mann

«Mi vida ha sido un prólogo interminable».

Klaus Mann (1906–1949), escritor, dramaturgo y figura atormentada del exilio, vivió bajo el peso abrumador de dos sombras: la de su padre, el célebre Thomas Mann, y la de una Europa que se desmoronaba entre guerras, exilios y totalitarismos. Brillante, precoz, cosmopolita y abiertamente homosexual en una época ferozmente intolerante, Mann fue una conciencia crítica, un exiliado perpetuo, un alma desgarrada que no encontró nunca una tierra, ni un hogar, ni un sentido definitivo. Su suicidio en Cannes, el 21 de mayo de 1949, fue el epílogo lúcido de una vida sin tregua.

Desde joven, Klaus vivió con la doble exigencia de afirmarse como escritor y de escapar a la omnipresencia literaria y moral de su padre. Su novela *Mephisto* (1936), una feroz crítica al colaboracionismo cultural con el nazismo, lo convirtió en símbolo del exilio alemán. Combatió al fascismo con la palabra, con el activismo político y con su participación en el ejército estadounidense durante la Segunda Guerra Mundial. Pero la victoria aliada no trajo alivio. La posguerra lo encontró exhausto, marginado, sin lugar en un mundo que parecía haber olvidado a quienes lo denunciaron a tiempo.

A lo largo de su vida, Mann sufrió crisis depresivas, adicciones a los barbitúricos y un sentimiento creciente de inutilidad. Sus diarios, punzantes y dolorosamente honestos, revelan una mente brillante pero asediada por la duda y la desesperanza.

El suicidio fue, para él, una idea recurrente, casi familiar. En 1949, en una habitación de hotel en la Costa Azul, consumió una sobredosis de somníferos. No dejó nota de despedida: su vida entera había sido un testamento.

La figura de Klaus Mann es la del testigo lúcido y herido, el escritor que encarnó la tragedia del siglo XX: la del arte frente al horror, la del individuo frente al totalitarismo, la del exiliado frente a la historia. Su muerte fue un acto de cansancio definitivo, un corte seco a una existencia que él mismo definía como «demasiado consciente, demasiado alerta para soportar el mundo». Como un personaje salido de sus propias páginas, Mann murió con la dignidad amarga del que ha mirado demasiado tiempo al abismo y ha comprendido que ya no hay vuelta atrás.

46. Eduardo Chibás

«Mi último aldabonazo»

Eduardo Chibás fue una de las figuras políticas más apasionadas, polémicas y trágicas de la historia cubana del siglo XX. Nacido en Santiago de Cuba en 1907, provenía de una familia acomodada. Estudió Derecho en la Universidad de La Habana, donde se formó como orador fogoso y como férreo defensor de la ética pública. Desde joven se volcó a la política con una mezcla de idealismo, teatralidad y fervor nacionalista. Fue fundador del Partido Ortodoxo, cuya consigna era «vergüenza contra dinero», una denuncia abierta a la corrupción imperante en la política cubana de la época.

Chibás utilizó la radio como arma política, convirtiéndose en un pionero del populismo mediático en América Latina. Cada domingo, desde su programa radial, atacaba a los corruptos con nombre y apellido, con una retórica encendida que combinaba el tono de un profeta con el de un fiscal. No solo denunciaba la corrupción: proponía una Cuba ética, justa, guiada por la decencia. Su figura se volvió un símbolo de la honradez absoluta. Pero esa misma exigencia implacable fue también su condena. En 1951, acusó públicamente al ministro de Educación, Aureliano Sánchez Arango, de malversación de fondos. Sin embargo, no pudo presentar las pruebas prometidas. Fue atacado duramente por la prensa y sus adversarios, que lo acusaron de demagogia. Humillado, presionado, y convencido de que había perdido credibilidad, tomó una decisión extrema. El 5 de agosto de 1951, durante una transmisión en vivo de su programa radial en la emisora CMQ, Chibás se disparó un balazo en el abdomen mientras decía: «Pueblo de Cuba, despierta. Este es mi último aldabonazo».

Murió once días después, el 16 de agosto, tras una larga agonía. Su suicidio conmocionó a la nación. Miles acompañaron su funeral. Para muchos, fue un mártir de la honestidad; para otros, una figura desbordada por su propia teatralidad. Años más tarde, un joven Fidel Castro —militante del Partido Ortodoxo— evocaría a Chibás como inspiración. Su muerte, de algún modo, fue una semilla política que germinaría en la revolución cubana. La bala de Chibás no solo fue un acto de desesperación, sino una última apelación ética, una llamada de atención que aún resuena. En tiempos de cinismo y oportunismo, Chibás eligió la vía más dolorosa para ser fiel a sí mismo. Su suicidio fue, paradójicamente, su acto más político.

47. Peg Entwistle

«Fui alzada por las estrellas… y arrojada desde lo alto».

Peg Entwistle se convirtió, sin quererlo, en leyenda trágica de Hollywood. El 16 de septiembre de 1932, a los 24 años, subió al monte Lee y se arrojó desde la letra «H» del icónico cartel de Hollywoodland. Su cuerpo fue hallado días después, junto a su bolso y una nota que decía: «Estoy cansada de todo. Mucho mejor así. Paz».

Nacida en Gales en 1908 y criada en Nueva York, Peg comenzó su carrera como actriz en Broadway. Tenía talento, presencia, y la crítica la acogía con elogios. Pero su salto al cine fue breve y desilusionante: solo participó en una película —*Thirteen Women*— en un papel secundario. El glamour de Hollywood no era más que fachada, y detrás del escenario encontró rechazo, precariedad y anonimato.

La historia adquirió tintes de ironía macabra cuando, días después de su muerte, llegó una carta a su casa: un estudio le ofrecía un papel protagónico… como una mujer que se suicidaba. Nunca lo supo.

Peg Entwistle se convirtió en símbolo de los sueños rotos de Hollywood. Su historia fue recogida por tabloides, novelada, e incluso adaptada en series como *Hollywood* (Netflix). Su figura, envuelta en misterio, se volvió leyenda urbana: hay quienes dicen haberla visto aún deambulando cerca del letrero, convertida en fantasma de la ambición frustrada.

Su suicidio fue el primero célebre vinculado al mundo del espectáculo en Los Ángeles. Peg no dejó una obra, pero dejó una imagen poderosa: la de una mujer joven que creyó en el sueño y terminó vencida por el sistema. Y aunque su vida fue corta, su muerte marcó un antes y un después: el lado oscuro del brillo de las estrellas.

48. ANTONIA POZZI

«Yo no sé si la vida es más grande que la muerte. Pero sé que el amor era más grande que ambas».

Antonia Pozzi murió a los 26 años, una mañana gris de diciembre de 1938, en las afueras de Milán. Había ingerido barbitúricos y su cuerpo fue hallado bajo la nieve, con las manos heladas y un cuaderno lleno de versos no publicados. En vida, casi nadie conocía su nombre. En la muerte, se alzó como una de las voces más puras, intensas y desgarradas de la poesía italiana del siglo xx.

Nacida en una familia aristocrática e ilustrada, creció rodeada de libros, arte y pensamiento. Estudió Filosofía en la Universidad de Milán bajo la tutela del gran Antonio Banfi, figura central del racionalismo italiano. Pero en ella ardía algo que la razón no podía domar: una nostalgia sin forma, una sensibilidad aguda como filo de vidrio, una ternura que dolía. Desde la adolescencia escribió poemas que parecían oraciones susurradas, compuestos de silencio, amores imposibles y una tristeza que no pedía compasión, sino consuelo. Se enamoró de su profesor de latín, amor que fue prohibido por su familia y que marcó, como una herida secreta, el resto de su breve vida.

No fue solo el desamor lo que la condujo al abismo. Fue también la sensación de no encajar en un mundo donde la sensibilidad era una carga. La Europa de entreguerras, el auge del fascismo, la rigidez familiar, la imposibilidad de hacer oír la voz de una mujer joven, culta y emocionalmente libre, fueron jaulas invisibles que cercaron su espíritu.

Sus diarios y cartas revelan una lucidez precoz, una conciencia profunda y una honestidad sin máscaras. No era una joven frágil, sino una mujer demasiado despierta para tolerar la mediocridad y el conformismo. Su poesía, escrita en secreto, rebosa naturaleza, espiritualidad sin dogma, belleza serena y dolor sin dramatismo.

Y el alma
—en la nieve—
lloraba sin lágrimas…

Escribió, como si presintiera su propia escena final.

Su muerte fue inicialmente disfrazada de neumonía. Su padre, temeroso del escándalo, censuró parte de su literatura y quiso preservar una imagen decorosa. Pero la verdad encontró su cauce. Sus versos comenzaron a circular, primero en pequeños círculos literarios, y luego entre lectores que la reconocieron como hermana del alma. Antonia Pozzi es considerada una de las grandes poetas italianas del siglo XX. Su tumba en Pasturo, al pie de los Alpes, se ha convertido en lugar de peregrinación silenciosa.

Vivió con intensidad callada y murió con la delicadeza de quien pide perdón incluso al despedirse. Nos dejó un legado intacto, limpio como la nieve que la cubrió, lleno de palabras que no envejecen:

> *No tengo miedo de la noche.*
> *Tengo miedo de la vida que no se enciende.*

49. CESARE PAVESE

«Vendrá la muerte y tendrá tus ojos».

Cesare Pavese (1908–1950), uno de los grandes escritores italianos del siglo XX, hizo de la soledad, el desencanto y el fracaso existencial los pilares de su obra. En él, la literatura fue confesión, exorcismo, pero también preludio de una despedida largamente anunciada. Su suicidio, consumado en una habitación del hotel Roma de Turín, el 27 de agosto de 1950, no fue un gesto impulsivo, sino la culminación de un proceso íntimo y devastador, lúcido y meticulosamente preparado.

Desde sus primeros escritos, Pavese exploró con obsesiva persistencia los abismos del alma, el silencio de Dios, la aridez de las relaciones humanas. Sus diarios, reunidos en *El oficio de vivir*, son una crónica dolorosa de la angustia cotidiana, de la lucha entre el deseo de sentido y la certeza del vacío. Allí anotó, con una frialdad que hiela, su sentencia final: «No palabras. Un gesto. No escribiré más».

Aquel verano, tras recibir un importante premio literario y después de una breve y amarga relación con la actriz americana Constance Dowling, Pavese sintió que todo había perdido sentido. En su mesilla de noche, junto a los somníferos que lo condujeron al final, dejó su propio libro de poemas, *Vendrá la muerte y tendrá tus ojos* —título premonitorio si los hay—, dedicado precisamente a ella. Su muerte no fue una huida desesperada, sino un acto coherente con su visión del mundo: oscura, desencantada, radicalmente lúcida.

Pavese no creía en la redención ni en la belleza que salva. Para él, la literatura no podía curar, solo nombrar el dolor. Y cuando las palabras ya no bastaron, eligió el silencio definitivo. Su suicidio es, en cierto modo, su último mensaje, un libro sin páginas, pero con un título imborrable, escrito con tinta de ceniza. Como diría él mismo: «Se sufre porque se ha vivido, y no se quiere vivir más». En esa renuncia hay una estremecedora dignidad, y una derrota que se parece demasiado a la verdad.

50. José María Arguedas

«No soy un aculturado. Yo soy un peruano que orgullosamente, como un puente, une lo profundo de lo indio con lo profundo del occidente».

José María Arguedas fue una de las figuras más conmovedoras y singulares de la literatura latinoamericana del siglo XX. Escritor, antropólogo, educador y defensor apasionado de las culturas indígenas del Perú, se suicidó el 2 de diciembre de 1969, a los 58 años, tras varios años de crisis depresivas profundas y una vida marcada por la tensión entre dos mundos: el andino y el occidental.

Nacido en Andahuaylas en 1911, Arguedas creció inmerso en la lengua y cultura quechua, no como observador, sino como participante. Su experiencia de vida fue singular: un blanco «quechua-hablante», rechazado tanto por las élites criollas como por las castas indígenas. Esa grieta identitaria fue el eje de su obra y también de su tragedia personal. Sus novelas —*Los ríos profundos, Todas las sangres, El zorro de arriba y el zorro de abajo*— están atravesadas por un lenguaje vibrante, mestizo, lírico, profundamente humano. En ellas, los Andes hablan con voz propia, con dolor, con dignidad. Fue también un investigador serio, autor de estudios sobre mitología andina y folclore que aún se leen.

Arguedas dejó una carta de despedida estremecedora, que comenzaba: «He vivido sin descanso y con amor, tratando de contribuir a que los hombres se comprendan, se quieran, vivan felices».

Su depresión venía de lejos, pero se acentuó por la incomprensión académica, las críticas a su obra, y la sensación de que la modernidad estaba arrasando todo lo que él había amado y defendido. Se disparó en el baño de la universidad donde trabajaba, después de dejar en orden su escritorio y su legado literario. Su suicidio fue la última nota de una partitura compleja, melancólica y bellísima.

51. Jean Améry

«Quien ha sido torturado, ya no se siente en casa en el mundo».

Jean Améry no solo se suicidó: se despidió del mundo después de haber intentado comprenderlo desde sus ruinas. Su vida fue una larga reflexión sobre el dolor, el cuerpo y la dignidad humana después de la catástrofe. Se quitó la vida en 1978, a los 65 años, en un hotel de Salzburgo, con una sobredosis de somníferos. Sobreviviente del Holocausto, filósofo, ensayista y figura incómoda para el pensamiento europeo de posguerra, su suicidio no fue la consecuencia de una derrota personal, sino el gesto final de un hombre que nunca se reconcilió con el mundo.

Nacido como Hans Mayer en Viena en 1912, de origen judío, cambió su nombre tras la guerra como afirmación de ruptura. Durante el nazismo fue miembro de la resistencia belga, fue detenido, torturado por la Gestapo y deportado a Auschwitz. Sobrevivió a varios campos, pero no a la memoria del dolor. Su libro más conocido, *Más allá de la culpa y la expiación*, no es un testimonio ni un ajuste de cuentas, sino un ensayo filosófico implacable: una meditación sobre la humillación del cuerpo torturado, la imposibilidad del perdón y la dificultad de «volver» del horror. Allí escribe: «Quien ha sido torturado permanece torturado. El sufrimiento del cuerpo se convierte en una condena permanente de la existencia».

Para Améry, el suicidio no era un acto de desesperación ni de locura. Lo defendió como una expresión suprema de libertad, como el derecho último del individuo sobre sí mismo. En su ensayo *Sobre el suicidio: Disertación sobre la muerte voluntaria*, publicado poco antes de su final, analiza con serenidad la posibilidad del adiós como una opción ética, filosófica y lúcida. «Morir no es una debilidad. Puede ser la forma más elevada de la protesta»., escribió. Y así, sin dramatismos, abandonó la vida: no como quien huye, sino como quien da por concluida una batalla imposible.

Améry dejó una obra breve, intensa, desafiante. Fue leído por Cioran, por Adorno, por quienes entendieron que el pensamiento verdadero no consiste en consolar, sino en decir la verdad sin anestesia. Su suicidio fue su última afirmación: la de un hombre que no quiso ser víctima ni héroe, sino pensador hasta el final.

52. ALAN TURING

«A veces, las personas que nadie imagina capaces de nada son las que logran lo que nadie imagina».

En junio de 1954, en su casa de Wilmslow, Cheshire, fue hallado el cuerpo sin vida de Alan Turing, genio precoz de las matemáticas, pionero de la informática moderna y héroe anónimo de la Segunda Guerra Mundial. Tenía solo 41 años. Junto a su cama, una manzana parcialmente comida, impregnada con cianuro, evocaba extrañamente el símbolo de la manzana envenenada de los cuentos infantiles. Así terminó la vida de uno de los cerebros más brillantes del siglo XX, perseguido no por sus ideas, sino por su identidad.

Nacido en Londres en 1912, Turing mostró desde temprana edad un talento singular para los números, la lógica y los acertijos. En la Universidad de Cambridge destacó como matemático prodigioso, y antes de los treinta años ya había formulado las bases de la máquina universal, un modelo teórico que anticiparía el funcionamiento de los ordenadores modernos. Pero fue durante la Segunda Guerra Mundial cuando su genio se convirtió en arma secreta: en Bletchley Park, centro de inteligencia británico, lideró el equipo que logró descifrar los códigos de la máquina Enigma, utilizada por los nazis para sus comunicaciones militares. Gracias a ese logro, se estima que la guerra se acortó varios años y se salvaron millones de vidas. Turing, sin embargo, permaneció en el anonimato durante décadas: su hazaña fue considerada secreto de Estado.

Terminada la guerra, en lugar de honores recibió humillación. En 1952 fue procesado por homosexualidad, entonces considerada delito en el Reino Unido. Condenado a elegir entre la cárcel o la castración química mediante inyecciones de estrógenos, optó por el segundo suplicio. A partir de entonces, su cuerpo empezó a cambiar, su ánimo a oscurecerse. Aquel hombre que había derrotado a Enigma fue derrotado por una sociedad incapaz de comprender la diversidad humana. Dos años después, Alan Turing se quitó la vida. Lo hizo con una precisión que parecía responder a una lógica íntima, como si hubiese programado su final. La manzana envenenada —elemento nunca analizado— ha dado lugar a conjeturas y leyendas: algunos la han querido ver como un homenaje a Blancanieves, su cuento favorito; otros, como una premonición del logo de Apple, aunque no existe vínculo directo. Lo cierto es que su muerte, al igual que su vida, encierra un enigma más profundo: el de la injusticia que recae sobre los que piensan y aman de otro modo.

Décadas después, su nombre sería rehabilitado. En 2009, el gobierno británico pidió disculpas públicas por su trato. En 2013, la reina Isabel II le concedió el perdón póstumo. Pero más allá de los gestos oficiales, su verdadero legado se mide en otra escala: cada vez que encendemos un ordenador, cada vez que una inteligencia artificial resuelve un problema, la sombra luminosa de Alan Turing —el hombre que soñó con máquinas pensantes y fue castigado por ser él mismo— sigue viva, brillando discretamente en la memoria del futuro.

53. Nicolas de Staël
«Demasiada luz también puede cegar».

Nicolas de Staël, pintor francés de origen ruso, se arrojó al vacío desde la terraza de su estudio en Antibes el 16 de marzo de 1955. Tenía 41 años. En pleno reconocimiento internacional, con una obra que ya había cruzado del lirismo abstracto a una síntesis poderosa de forma y color, su suicidio sorprendió y desarmó al mundo del arte. Pero para quienes lo conocían de cerca, fue la culminación de una sensibilidad extrema que nunca encontró tregua.

Nacido en San Petersburgo en 1914, escapó con su familia del terror bolchevique tras la revolución y pasó su infancia como refugiado en Polonia y Bélgica. Huérfano desde los ocho años, vivió el desarraigo como una herida permanente. Estudió arte en Bruselas, luchó en la Legión Extranjera durante la Segunda Guerra Mundial y vivió la pobreza más extrema antes de comenzar a exponer en París. Su estilo, inicialmente cercano al expresionismo abstracto, evolucionó hacia una pintura única: densa, matérica, a veces lírica, a veces violenta. Su uso del color fue intensamente emocional; sus paisajes y naturalezas muertas parecían respirar. En vida fue aclamado, coleccionado, celebrado. Pero también sufría de insomnio, crisis creativas y una profunda inestabilidad emocional.

En sus últimos meses, De Staël trabajaba con una intensidad obsesiva. Pintaba día y noche, apenas comía, rechazaba el contacto social. Su última serie —paisajes marinos de una fuerza alucinada— parecía ya un adiós en imágenes. Se enamoró de una joven mujer casada, lo que agravó su desesperación. La noche de su muerte dejó una nota breve, apenas unas palabras: «Estoy cansado. Necesito descansar».

Su suicidio conmocionó al mundo del arte. ¿Cómo alguien tan pleno de creación podía elegir el silencio? Quizá porque para él, como para otros artistas extremos, la vida no alcanzaba la intensidad que solo hallaba en la pintura. Y cuando esa llama comenzó a agotarse, prefirió apagarla por sí mismo. Nicolas de Staël es considerado uno de los grandes pintores del siglo XX. Su obra sigue creciendo en prestigio y en precio. Pero más allá de la fama, quedan sus cuadros como testamento de una lucha interior donde belleza y abismo convivieron palmo a palmo.

54. ROMAIN GARY

«He dicho lo que tenía que decir. Adiós».

Romain Gary no se suicidó por desesperación, ni por fracaso, ni por enfermedad. Se suicidó porque, según sus propias palabras, «ya había cumplido su obra». El 2 de diciembre de 1980, en su departamento parisino, se disparó en la cabeza. Dejó una nota lacónica, sobria, que decía: «Ninguna relación con Jean Seberg» —su exesposa, actriz estadounidense, que también se había quitado la vida un año antes. Fue el último gesto de independencia radical de un hombre que escribió como vivió: con máscaras, ironía, ternura, inteligencia, y una voluntad feroz de ser libre hasta el final.

Nacido en Vilna en 1914 (entonces parte del Imperio Ruso), Romain Gary —cuyo verdadero nombre era Roman Kacew— fue aviador, diplomático, cineasta, novelista y maestro del disfraz literario. Combatió como piloto de las Fuerzas Francesas Libres en la Segunda Guerra Mundial, fue embajador de Francia en Estados Unidos, y ganó dos veces el prestigioso Premio Goncourt… a pesar de que las reglas lo prohíben. ¿Cómo lo logró? Inventando una segunda identidad: Émile Ajar.

Gary publicó novelas profundas y entrañables —*La promesa del alba, Las raíces del cielo, La vida ante sí*— que oscilaban entre el humor y la compasión. Su estilo podía ser ferozmente sarcástico o tiernamente humanista, pero nunca fue condescendiente. Bajo su seudónimo Ajar, escribió algunas de las obras más libres y emocionantes de la literatura francesa del siglo XX. Su vida amorosa fue tempestuosa. Su relación con Jean Seberg, militante y símbolo de la *nouvelle vague,* fue tan intensa como dolorosa.

Seberg murió en 1979, en circunstancias trágicas y aún debatidas. Gary quedó solo, pero no vencido. Su suicidio fue planeado, no como clímax melodramático, sino como punto final de un proyecto vital y literario completo. En su carta de despedida escribió: «Realmente me divertí mucho. Adiós y gracias».

Romain Gary fue, tal vez, uno de los pocos suicidas célebres que se fue sin derrotismo. Lo hizo con elegancia, con ironía, con la lucidez intacta. Como si la muerte no fuera un castigo, sino una última decisión de estilo. Su obra sobrevive como una invitación a amar al ser humano en todas sus contradicciones. Y su vida, como una novela que se atrevió a escribirse a sí misma hasta la última página.

55. Dylan Thomas

«Rabia, rabia contra la muerte de la luz».

Dylan Thomas (1914–1953), el poeta galés de voz torrencial y verbo incendiario, murió joven, como si cada verso hubiese sido una llamarada dirigida contra su propio destino. Aunque su muerte se atribuyó oficialmente a una combinación de neumonía y complicaciones derivadas del alcohol, muchos críticos y biógrafos coinciden en que fue, en esencia, un suicidio deliberado, vestido de poesía y exceso. Una autodestrucción prolongada y celebrada, llevada a cabo con la cadencia de un rito lírico.

Desde joven, Thomas abrazó el alcohol como combustible creativo y como forma de evasión. Su relación con la bebida no fue casual ni episódica: fue constante, metódica, casi ritual. Durante años, su cuerpo fue campo de batalla entre la sensibilidad extrema del poeta y su incesante huida del dolor. El 5 de noviembre de 1953, en el Chelsea Hotel de Nueva York, pronunció su frase más célebre y trágica: «He bebido dieciocho whiskies, creo que es un récord». Poco después cayó en coma. Murió días después, con apenas 39 años.

No empuñó un arma, no dejó una nota de despedida, pero todo en su vida apuntaba hacia ese final. Su escritura, tan viva, tan visceral, estaba atravesada por la conciencia de la muerte y por la imposibilidad de escapar a ella. En su célebre poema *Do not go gentle into that good night*, suplica resistir la oscuridad, pero en su vida privada parecía hacer exactamente lo contrario: entregarse con furia a las sombras.

La muerte de Dylan Thomas no fue un accidente, ni un colapso casual. Fue la culminación de una vida asumida como condena y como desafío. Su suicidio fue poético, gradual, sostenido. Una forma de morir en cámara lenta, mientras el mundo aplaudía su genio. Para muchos, fue el último acto de una obra escrita con el cuerpo, con la voz, con el hígado y el alma. En ese gesto de consumirse sin tregua, de derramarse en palabras hasta vaciarse, Thomas dejó no solo su obra, sino también su epitafio: la vida como una batalla lírica perdida con estilo.

56. Violeta Parra

«Gracias a la vida que me ha dado tanto».

El 5 de febrero de 1967, en una carpa solitaria a las afueras de Santiago de Chile, Violeta Parra se quitó la vida con un disparo en la cabeza. Tenía 49 años. Fue una muerte silenciosa, austera, sin cartas ni ceremonias, pero cargada de símbolos. Como si la última nota de su guitarra no pudiera sonar sino desde el abismo.

Violeta había nacido en 1917 en San Carlos, Ñuble, en el seno de una familia numerosa, pobre y profundamente musical. Su padre era maestro rural y guitarrista aficionado; su madre, campesina y cantora de tonadas. Desde niña recorrió pueblos, ferias y caminos, absorbiendo las raíces del canto popular chileno, al que supo dar una dignidad estética que lo rescató del olvido. Fue cantora, bordadora, investigadora, pintora, escultora, poeta, madre, amante, rebelde. Y fue, por sobre todo, una mujer libre en un mundo que aún no sabía cómo tratar a las mujeres libres.

Autodidacta y tenaz, recorrió los campos de Chile con una grabadora en mano, registrando cantos campesinos, coplas, décimas, refranes. En su obra se funden el arte y la vida, el folclor y la vanguardia, la tradición y la protesta. En París expuso en el Museo del Louvre —la primera artista latinoamericana en hacerlo— y cantó en la Radio de la Sorbona. Pero su centro afectivo siempre fue Chile, donde construyó su carpa en La Reina con el sueño de levantar un espacio popular de arte y resistencia. Ese proyecto fracasó, como otros tantos amores, como tantas utopías personales. Y el mundo que tanto había dado, le devolvía con frecuencia soledad, incomprensión y pobreza.

Violeta amó con intensidad y padeció con igual fervor. Su relación con el antropólogo suizo Gilbert Favre marcó sus últimos años. Cuando él se marchó a Bolivia, dejando atrás el proyecto común, la herida quedó abierta. Algunos de sus más desgarradores cantos nacieron en esa ruptura: *Run Run se fue pa'l Norte, Maldigo del alto cielo, Volver a los 17*. Pero fue *Gracias a la vida*, escrita poco antes de su muerte, la canción que alcanzó una estatura universal. Su letra, al mismo tiempo luminosa y melancólica, ha sido interpretada como una despedida cifrada, un himno a la vida que contiene la sombra de la muerte.

El suicidio de Violeta Parra no fue solo el final de una biografía atormentada: fue el grito último de una artista total que vivió como cantó, sin concesiones, sin dobleces, sin miedo al dolor. Como escribió su hijo Ángel: «la Violeta se fue cuando quiso, y lo hizo con todas las cuerdas de su guitarra todavía tensas». Su obra —honda, rebelde, apasionada— sigue viva en las voces que cantan por justicia, en las mujeres que no se callan, en los pueblos que no se rinden. En cada cuerda que vibra, Violeta no ha muerto: simplemente, canta desde otro lugar.

57. PAUL CELAN

«La muerte es un maestro que viene de Alemania».

En la madrugada del 20 de abril de 1970, Paul Celan se arrojó al río Sena desde el puente Mirabeau, en París. Su cuerpo fue hallado días después, flotando entre las aguas grises que tantas veces había evocado en sus versos. Tenía 49 años. Había sobrevivido al Holocausto, pero no a sus ecos interiores. Como si la lengua, rota para siempre por la barbarie, ya no pudiera contener la vida.

Celan había nacido como Paul Antschel en 1920 en Czernowitz, entonces parte de Rumanía, en el seno de una familia judía germanoparlante. Desde joven dominó múltiples lenguas —alemán, francés, rumano, hebreo— y escribió poesía con una intensidad que oscilaba entre lo hermético y lo revelador. Durante la ocupación nazi, sus padres fueron deportados y murieron en campos de concentración; él mismo fue internado en un campo de trabajos forzados en Moldavia. Esa experiencia marcaría su obra hasta la médula: la poesía, para Celan, no era consuelo, sino testimonio, cicatriz abierta, acto de supervivencia frente al sinsentido. Su poema más célebre, «Todesfuge» (Fuga de muerte), escrito en 1945, es una de las piezas más estremecedoras de la literatura sobre el Holocausto. Allí aparece la imagen del «maestro de la muerte» que viene de Alemania, que silba a sus perros y ordena cavar tumbas en el aire. El poema es música fúnebre, repetición obsesiva, danza negra con palabras que intentan decir lo indecible.

Después de la guerra, Celan se estableció en París, donde trabajó como traductor —vertió a Rimbaud, Mandelstam, Shakespeare y otros al alemán— y donde escribió la mayor parte de su obra. Aunque se expresaba en la lengua de los verdugos, el alemán de Celan era otro: retorcido, simbólico, abrupto, como si cada palabra fuera extraída de una herida. Su poesía es un acto de resistencia y de duelo, una búsqueda desesperada por devolver humanidad al lenguaje.

A lo largo de su vida, Celan sufrió depresiones recurrentes, crisis nerviosas, internamientos psiquiátricos. La traición de antiguos colegas que lo acusaron falsamente de plagio —entre ellos, la escritora Claire Goll— lo sumió en un aislamiento profundo. Su relación con la filósofa Ingeborg Bachmann, intensa y compleja, fue otro vínculo atravesado por la distancia y la imposibilidad. Aun así, nunca dejó de escribir: sus últimos libros, como *Luz coercitiva* o *Hilos del sol*, son destellos de lucidez en la oscuridad, fragmentos de una lengua que se deshace y a la vez se vuelve mineral, pura, dolorosamente viva.

La noche de su suicidio, Celan dejó su reloj sobre el escritorio, marcando la hora exacta. No hubo nota, pero sus poemas habían sido siempre advertencia y epitafio. Su cuerpo fue arrastrado por las aguas del Sena, el mismo río sobre el que había escrito, el mismo río que Apollinaire cantó y que para Celan fue frontera final. Su palabra —afilada, doliente, indomable— sigue siendo eco de los que callaron, espejo quebrado del mundo, testamento de los que aún buscan sentido en medio del horror.

58. Yukio Mishima

«Prefiero morir como samurái que vivir como sombra».

Yukio Mishima —seudónimo de Kimitake Hiraoka— fue uno de los escritores japoneses más importantes del siglo xx, y también uno de los más polémicos. Su suicidio ritual (seppuku) el 25 de noviembre de 1970 conmocionó al Japón moderno. Tenía 45 años. Fue un acto deliberado, teatral, profundamente político y estéticamente calculado. Su muerte cerró una vida dedicada a explorar los vínculos entre belleza, violencia, disciplina, deseo y muerte.

Mishima escribió más de treinta novelas, además de cuentos, ensayos y obras de teatro. Obras como *Confesiones de una máscara*, *El pabellón de oro* o la tetralogía *El mar de la fertilidad* lo consagraron como una voz compleja: refinada, provocadora, y en permanente tensión entre tradición y modernidad. Fue finalista del Nobel, pero más aún: fue un mito en vida.

Apasionado del cuerpo, del sacrificio y de la estética del Japón tradicional, Mishima fundó una milicia paramilitar privada —la Tatenokai— y vivió con un riguroso código personal. En su último acto, irrumpió en un cuartel del ejército japonés, exigió que los militares se rebelaran para restaurar los valores imperiales, y al no lograrlo, se hizo el *seppuku* o *harakiri* frente a ellos. Su asistente Morita intentó decapitarlo como dictaba el ritual, pero falló, y otro miembro completó la ejecución. Mishima había dejado todo preparado. Incluso una carta final: «Mi muerte no es un suicidio por desesperación, sino el cumplimiento de una voluntad estética. La palabra no basta cuando el cuerpo no responde».

Su muerte fue recibida con horror, fascinación y perplejidad. Para algunos fue el gesto de un loco; para otros, una última obra de arte. Lo cierto es que Mishima vivió y murió como pensó: con intensidad, contradicción y una búsqueda constante del límite. Su suicidio fue su manifiesto final, su forma de inscribirse en la historia como quien firma con sangre su última página.

59. GILLES DELEUZE

«No se suicida quien se rinde, sino quien lleva el pensamiento hasta su extremo».

Filósofo del devenir, de la diferencia y del deseo, Gilles Deleuze fue uno de los pensadores más influyentes y originales del siglo XX. Su muerte, el 4 de noviembre de 1995, no fue un gesto impulsivo, sino el desenlace de una vida marcada por el pensamiento radical… y por el dolor físico. Deleuze, que sufría desde hacía años de una enfermedad pulmonar severa, apenas podía ya escribir ni respirar. A los 70 años, se arrojó por la ventana de su apartamento en París. Su suicidio fue tan discreto como su vida: sin manifiestos, sin testigos, sin espectáculo.

Deleuze había reformulado la filosofía desde sus cimientos. Sus obras, como *Diferencia y repetición* o *Lógica del sentido*, lo convirtieron en una figura central de la filosofía postestructuralista. En colaboración con Félix Guattari escribió dos textos fundamentales: *El Anti-Edipo* y *Mil mesetas*, que componen *Capitalismo y esquizofrenia*, una crítica feroz a las estructuras de poder, al psicoanálisis tradicional y al pensamiento unívoco. Juntos reinventaron la idea de sujeto, de deseo y de revolución, proponiendo conceptos como rizoma, líneas de fuga y agenciamientos colectivos.

Hombre austero, alejado de los focos, Deleuze creía que escribir era un acto de resistencia. Su filosofía no buscaba consuelo, sino intensidad. Detestaba el dogma, la identidad cerrada, los finales definidos. Por eso su muerte no fue la derrota de un cuerpo enfermo, sino, para muchos, una decisión lúcida: la negativa a vivir sin posibilidad de pensamiento. Sin nota de despedida, sin proclamas, Deleuze desapareció como quien sabe que su obra ya lo ha dicho todo. Su legado es una filosofía que no se deja domesticar, que sigue invitando a pensar más allá de lo permitido. Su muerte, silenciosa y radical, fue su última línea de fuga.

60. Sylvia Plath

«Morir es un arte, como todo. Yo lo hago excepcionalmente bien».

Sylvia Plath fue una poeta brillante, intensa, de voz afilada y ternura hiriente. Su muerte, el 11 de febrero de 1963, ha sido leída durante décadas como el clímax trágico de una sensibilidad desbordada. Tenía 30 años. Se suicidó en su piso de Londres, metiendo la cabeza en el horno tras haber sellado cuidadosamente la cocina y preparado el desayuno para sus hijos. No dejó una simple nota: dejó poemas. Su último libro, *Ariel*, fue su carta final al mundo.

Plath escribió con una precisión brutal sobre el sufrimiento, la identidad, la maternidad, el amor y la muerte. Su voz, confesional pero jamás sentimental, atravesaba los límites de lo íntimo para alcanzar lo universal. *El coloso, Ariel* y su novela semiautobiográfica *La campana de cristal* construyen el mapa de una mente lúcida al borde del abismo, oscilando entre la esperanza y el hundimiento. Su poesía es fuego contenido en una página: arde, pero también ilumina.

Su vida estuvo marcada por la depresión, por intentos previos de suicidio, por la tensión constante entre el deber doméstico y la vocación creadora. El abandono de su esposo, el también poeta Ted Hughes, precipitó su caída, pero no la explicó del todo. En Plath no hubo locura banal, sino una clarividencia peligrosa: veía más, sentía más, y eso la consumía.

La crítica ha discutido sin cesar si su suicidio fue una llamada de auxilio, un acto poético, una tragedia inevitable. Pero lo cierto es que su obra —incendiaria, feminista, desesperada— la mantuvo viva mucho más allá del horno encendido. En sus versos dejó lo esencial: «No me detengo a llorar. / Lo mismo me da. Lo mismo. / Una especie de cielo en la nada. / A salvo de todo, incluso del yo».

61. DALIDA

«La vida me es insoportable. Perdónenme».

Dalida —nacida Iolanda Cristina Gigliotti— fue una de las voces más queridas del siglo XX en Europa. Cantante egipcio-francesa de origen italiano, fue belleza, tragedia y talento en partes iguales. El 3 de mayo de 1987, a los 54 años, se quitó la vida en su casa de París con una sobredosis de barbitúricos. Dejó una nota que decía: «La vida me es insoportable. Perdónenme».

Dalida vendió más de 170 millones de discos en todo el mundo, cantó en múltiples idiomas, y construyó una carrera excepcional desde los años cincuenta hasta los ochenta. Pero su vida personal fue golpeada una y otra vez por la tragedia: tres de los hombres que más amó —Lucien Morisse, Luigi Tenco y Richard Chanfray— se suicidaron. Ella misma había intentado quitarse la vida tras el suicidio de Tenco, en 1967.

A pesar de su éxito artístico, su soledad fue profunda. Luchó contra la depresión, el desgaste emocional y el vacío existencial que ni la fama ni el aplauso lograron colmar. Fue adorada por el público, pero nunca encontró un amor que la sostuviera del todo.

Su voz, frágil y poderosa, sigue sonando en canciones como *Je suis malade*, *Il venait d'avoir 18 ans* o *Avec le temps*. Tras su muerte, Francia la lloró como a una reina caída. En su tumba del cementerio de Montmartre, una escultura suya mira al cielo. La luz que tanto buscó sigue latiendo en su música.

62. ALEJANDRA PIZARNIK

«Todo hace el amor con el silencio».

Alejandra Pizarnik fue una poeta del abismo, de mirada infantil y verbo afilado, que convirtió el lenguaje en un espejo roto donde el alma se desangra. Su muerte, el 25 de septiembre de 1972, fue el desenlace sombrío de una vida vivida al filo de la palabra. Tenía 36 años. Se suicidó en su departamento de Buenos Aires ingiriendo una sobredosis de barbitúricos durante un permiso de fin de semana fuera del hospital psiquiátrico donde estaba internada. No dejó carta. Dejó diarios, poemas, fragmentos: una constelación de desesperación lúcida.

Pizarnik escribió con el lenguaje de la herida, con una pureza desgarrada por la imposibilidad de ser. Su poesía —delicada y feroz— habitó el silencio, la infancia perdida, el deseo de desaparecer y el amor inasible. *Árbol de Diana, Los trabajos y las noches, El infierno musical* son estaciones de una voz única: cristalina y oscura, suspendida entre el grito y el susurro. En su obra hay una música del vacío que fascina y duele.

Su vida estuvo marcada por la fragilidad, por la angustia existencial, por una búsqueda constante de identidad y sentido. Luchó contra la depresión, la inseguridad, la soledad y el peso de una sensibilidad fuera de lo común. París fue un refugio y un incendio. Allí se relacionó con poetas, tradujo, leyó a Artaud y a Rimbaud, se empapó de surrealismo y regresó con una voz más precisa, más suya. Pero ni el reconocimiento ni la escritura lograron salvarla del vértigo interior.

Su suicidio ha sido interpretado como un acto final de coherencia con su visión del mundo, donde vivir y morir eran apenas variantes del mismo exilio. Sin embargo, su obra la trasciende. Alejandra sigue hablando desde la página con una intensidad que quema y consuela. En sus versos queda lo esencial: «Y sin embargo, cada palabra dice lo que dice y además más y otra cosa».

63. Edward Stachura

«La vida duele como un poema que nadie entiende».

Edward Stachura fue uno de los poetas más intensos, marginales y trágicos de la literatura polaca del siglo XX. Su vida, breve y marcada por una sensibilidad febril, terminó en 1979, a los 41 años, con un suicidio que parecía haber sido escrito por él mismo muchos años antes. Se quitó la vida cortándose las venas y conectando un cable eléctrico al mismo tiempo: un gesto desesperado, doloroso, radical, como su poesía.

Nacido en Francia en 1937, de padres polacos emigrados, volvió a Polonia siendo niño. Vivió una juventud nómada, entre trabajos manuales, caminatas solitarias y lecturas devoradoras. Escribía como quien respira, con una necesidad física y espiritual de traducir el mundo a palabras. Fue poeta, cuentista, cantautor, traductor, pero sobre todo un buscador incesante de sentido. Su estilo —a veces filosófico, a veces místico, siempre desgarrado— lo convirtió en una figura de culto. Sus lectores veían en él no solo a un poeta, sino a un profeta, un marginado sagrado. Obras como *Todo es poesía* o *Mi existencia luminosa* desbordan intensidad: en ellas Stachura confundía el yo con el cosmos, el sufrimiento con la revelación.

Pero su vida privada fue una espiral descendente. Padeció episodios depresivos severos, una crisis psicótica, internaciones psiquiátricas. La muerte accidental de un amigo cercano, y su propia sensación de disolución identitaria, aceleraron su colapso. En sus últimos escritos —en parte publicados bajo el título *Diarios del final*— se percibe una mente desgarrada, cada vez más separada de la realidad. La noche de su muerte, dejó sobre la mesa su último poema y una nota: «No fui hecho para este mundo».

Hoy, Edward Stachura es un nombre casi mítico en Polonia. Su figura es leída con devoción por generaciones de jóvenes que reconocen en su voz el eco de su propia confusión. Su suicidio fue el fin de una búsqueda imposible: la de reconciliar la sensibilidad extrema con una realidad que no ofrecía consuelo. Como tantos poetas malditos, no vivió mucho. Pero escribió como si supiera que el tiempo era breve. Y en cada verso suyo hay una herida que canta.

64. Hunter S. Thompson

«Cuando las cosas se ponen raras, los raros se vuelven profesionales».

Hunter S. Thompson fue un escritor salvaje, incorregible, brillante y peligroso, que hizo de su vida una crónica alucinada del exceso. Su muerte, el 20 de febrero de 2005, fue tan abrupta como su prosa: un disparo autoinfligido en la cabeza, en su casa de Woody Creek, Colorado. Tenía 67 años. Lo hizo sentado frente a su máquina de escribir, mientras su familia se encontraba en la misma casa. Dejó una breve nota titulada «Football Season is Over»: una mezcla de humor negro y despedida cruda.

Fundador del llamado *gonzo journalism*, Thompson borró las fronteras entre el reportaje y la ficción, entre el cronista y el protagonista, con un estilo vertiginoso, psicodélico y brutalmente honesto. *Miedo y asco en Las Vegas* (1971), su obra más célebre, es un descenso lisérgico a los infiernos de la América posmoderna, una sátira frenética del sueño americano narrada como viaje, delirio y ruina. Su escritura fue siempre eso: un proyectil lanzado contra el sistema, pero también contra sí mismo.

Vivió como escribió: al límite. Consumo constante de drogas, alcohol, armas de fuego y una misantropía que no ocultaba. Detrás de la máscara del bufón rabioso se escondía una inteligencia aguda, una lucidez política corrosiva y un desencanto profundo. Cubrió campañas presidenciales, marchas de motociclistas y guerras culturales, siempre desde la trinchera, sin pretensión de neutralidad. Thompson no describía: incendiaba. Pero su salud física se deterioraba. El cuerpo ya no seguía el ritmo del mito. El mundo, quizás, tampoco. Decidió el momento con frialdad y sarcasmo. Fue su último acto de control. Tras su muerte, su amigo Johnny Depp cumplió su deseo póstumo: lanzar sus cenizas al cielo en un cañón, entre fuegos artificiales y whisky.

En sus líneas permanece intacta la furia de una voz que se negó a doblegarse. Thompson eligió su final, pero dejó una obra que aún ruge: «La vida no debería ser un viaje hacia la tumba con la intención de llegar sano y salvo con un cuerpo atractivo y bien conservado, sino más bien derrapando en una nube de humo, completamente usado, totalmente desgastado y proclamando en voz alta: ¡Vaya viaje!»

65. JEAN SEBERG

«Tal vez ser yo misma fue lo más imperdonable».

Jean Seberg fue un ícono fugaz del cine moderno, símbolo de belleza, rebeldía y vulnerabilidad. El 8 de septiembre de 1979, a los 40 años, fue hallada muerta en su coche en París, tras nueve días desaparecida. Una sobredosis de barbitúricos y alcohol selló el final de una vida acosada. En el asiento trasero, una carta para su hijo. En el rostro, la huella de una batalla desigual.

Nacida en Iowa, en 1938, fue elegida por Otto Preminger para interpretar a Juana de Arco a los 18 años. Pero fue *Al final de la escapada* (1960), de Jean-Luc Godard, la que la convirtió en mito: rostro de la *Nouvelle Vague*, mirada ambigua, voz suave y espíritu libre. Sin embargo, fuera de cámara, su libertad fue castigada.

Activista por los derechos civiles, apoyó a los Panteras Negras y fue brutalmente acosada por el FBI en el marco del programa COINTELPRO. La vigilancia, los rumores infames y el hostigamiento mediático arruinaron su salud mental. Sufrió depresiones, internamientos y pérdidas irreparables, como la muerte de su hija recién nacida.

En los años 70, su carrera se apagó y su entorno afectivo se desmoronó. Soledad, psiquiatría y silencio rodearon sus últimos días. Su muerte no fue solo una tragedia personal: fue el resultado de una violencia institucional encubierta. Jean Seberg no fue destruida por el fracaso, sino por el poder que no toleró su disidencia. Hoy su nombre evoca no solo el fulgor del cine, sino también el coraje de quien se atrevió a hablar… y pagó el precio.

66. Reinaldo Arenas

«No estoy dejando de vivir, estoy dejando de sufrir».

Reinaldo Arenas escribió con furia, con cuerpo, con rabia, con amor. Su literatura fue su patria cuando Cuba le negó una. Su voz, clara y desbordada, habló desde el exilio, la cárcel, el deseo y la enfermedad. El 7 de diciembre de 1990, a los 47 años, decidió terminar su viaje. Lo hizo con barbitúricos, en su departamento de Nueva York, dejando una carta conmovedora y lúcida donde no había odio, sino gratitud: por la vida, por la escritura, por sus amigos, por haber sobrevivido tanto.

Nacido en 1943 en Holguín, Cuba, en una zona rural y pobre, Arenas creció entre caña de azúcar, silencio y represión. Pronto encontró refugio en los libros y en el lenguaje. Se formó en La Habana, trabajó en bibliotecas y se convirtió en uno de los escritores más prometedores de su generación. Pero su homosexualidad, su pensamiento libre y su negativa a someterse a la ideología oficial le valieron censura, persecución, arresto y tortura. En 1974 fue encarcelado acusado de «abuso de menores» y de «ideología contrarrevolucionaria» —una fachada legal para reprimir su voz y su sexualidad. Desde la cárcel escribió clandestinamente y logró sacar sus textos de forma milagrosa. Más tarde, en 1980, logró exiliarse en Estados Unidos durante el éxodo del Mariel.

En el exilio vivió con intensidad, pero también con dolor. En Nueva York, luchó contra la pobreza y el sida. La enfermedad lo fue desgastando, pero no le quitó su voz. Su autobiografía, *Antes que anochezca*, es una de las más poderosas del siglo XX: mezcla de testimonio, grito, poesía y memoria histórica. Allí relata no solo lo avatares de su existencia, sino la tragedia de una generación que tuvo que elegir entre la cárcel y el silencio. En su carta de despedida escribió: «A las personas que me ayudaron les doy las gracias eternamente. Al pueblo cubano le deseo la libertad».

El suicidio de Arenas no fue un gesto de desesperación, sino un acto final de libertad: el derecho a decidir sobre su cuerpo cuando ya no le quedaba fuerza ni alivio. Fue coherente con todo lo que escribió: que nadie puede arrebatarte tu última palabra. Su nombre es símbolo de disidencia, de coraje, de belleza feroz.

67. Margaux Hemingway

«El peso de un apellido puede hundir más que el fracaso».

Margaux Hemingway nació rodeada de glamour… y de tragedia. Nieta del escritor Ernest Hemingway e hija de una familia marcada por el exceso, la fama y los secretos, vivió una vida intensa, brillante y desordenada. Fue modelo, actriz, figura de la alta sociedad, pero también víctima de abusos, alcoholismo y trastornos mentales. Se suicidó el 1 de julio de 1996, a los 41 años, con una sobredosis de fenobarbital en su apartamento de Santa Mónica. La fecha coincidía exactamente con el 35° aniversario del suicidio de su abuelo.

Margaux fue la primera modelo en firmar un contrato millonario con una marca de cosméticos. En los años setenta su rostro era omnipresente: portada de *Vogue*, *Cosmopolitan*, símbolo de la belleza americana. Su nombre, inspirado en un vino francés, parecía marcarla desde el inicio como un producto de lujo. Pero detrás de esa imagen radiante, se ocultaba una historia de sufrimiento. Desde joven vivió a la sombra de su apellido. El mito de Ernest Hemingway —el hombre fuerte, viril, escritor de tormentas interiores— la perseguía como una condena. En entrevistas posteriores, confesó haber sido víctima de abuso sexual en la infancia, lo que la llevó a refugiarse en el alcohol, las drogas y una vida afectiva caótica. Sus intentos de actuar fueron poco reconocidos y, con el tiempo, fue marginada por la industria.

Intentó rehabilitarse, se acercó a la espiritualidad, grabó documentales sobre su familia. Pero la presión, la soledad y las cicatrices no cerradas la arrastraron a una muerte silenciosa. Durante días nadie se dio cuenta de su ausencia. Su suicidio fue confirmado como tal, aunque durante un tiempo se manejó la versión de una sobredosis accidental. Las autopsias lo desmintieron. La maldición Hemingway, como algunos la llamaron —cuatro suicidios en dos generaciones—, volvía a golpear.

Margaux fue una mujer rota por las expectativas, la genética y los fantasmas familiares. Pero también fue valiente al hablar, al intentar sanar, al buscar una identidad más allá del apellido. Su muerte fue un eco más en una saga marcada por el brillo y el abismo.

68. Yukiko Okada

«Las lágrimas no bastaban para decir lo que dolía».

Yukiko Okada tenía solo 18 años cuando se arrojó desde el séptimo piso del edificio Sun Music, en Tokio, el 8 de abril de 1986. Ídolo juvenil, cantante popular, rostro angelical del Japón ochentero, su suicidio marcó una generación. No dejó carta. Dejó un vacío tan hondo que, en los días siguientes, más de treinta jóvenes la imitaron. El fenómeno fue bautizado como el «síndrome Okada».

Nacida en 1967, Yukiko se hizo famosa tras ganar el concurso *Star Tanjō!* a los 15 años. Su ascenso fue meteórico: discos, series, premios. Su imagen era impecable, pero tras el brillo, la presión, el aislamiento y una posible desilusión amorosa la fueron desgastando. Dos días antes de su muerte, había sido hospitalizada tras un intento fallido con gas y cortes en las muñecas. Al salir, caminó hacia el edificio de su agencia. Subió. Esperó. Y saltó.

Su muerte paralizó al país. Interrumpió programas de televisión, colapsó líneas de ayuda y reveló un lado oscuro de la industria del entretenimiento: la infantilización mediática, el control emocional, el tabú del sufrimiento. Yukiko era perfecta… hasta que dejó de resistir.

Su figura persiste como símbolo trágico de una sociedad que exige sonrisas mientras ignora el dolor. En sus canciones aún vibra una dulzura que no supo cómo protegerse. Yukiko Okada no fue solo una estrella caída. Fue el grito silente de miles que, como ella, no encontraron espacio para la fragilidad.

69. ALEXANDER MCQUEEN

«Me voy a unir a mi madre».

Alexander McQueen (1969–2010) fue uno de los diseñadores de moda más revolucionarios, brillantes y transgresores de su tiempo. Su obra combinaba elegancia gótica, teatralidad salvaje y una sensibilidad que rozaba lo sublime y lo oscuro. Fue considerado el «enfant terrible» de la moda británica, un visionario que desdibujó los límites entre arte, cuerpo, moda y espectáculo.

Nacido en un barrio obrero de Londres, hijo de un taxista, McQueen ascendió vertiginosamente en el mundo de la alta costura gracias a su talento prodigioso. Se formó en la prestigiosa escuela Central Saint Martins y su colección de graduación fue comprada por la icónica Isabella Blow, quien se convirtió en su mentora. Desde entonces, su nombre se asoció a pasarelas memorables, prendas escultóricas y un estilo inconfundible de belleza y provocación.

A pesar de su éxito, McQueen padecía depresión severa y tenía antecedentes familiares de enfermedad mental. Su madre, Joyce, murió de cáncer el 2 de febrero de 2010. Alexander quedó devastado. Apenas nueve días después, el 11 de febrero, se suicidó en su domicilio de Mayfair ahorcándose con su cinturón de diseñador, tras ingerir una mezcla de pastillas y cocaína. En su nota de despedida escribió apenas una línea: «Cuidad de mis perros. Lo siento. Os quiero. Me voy a unir a mamá».

Su muerte sacudió al mundo de la moda, que lo había convertido en símbolo y estrella. Su funeral fue íntimo, pero su legado desbordó todos los límites: en 2011, el MET de Nueva York le dedicó una de las exposiciones más visitadas de su historia: «Alexander McQueen: Savage Beauty». Para muchos, su suicidio fue la última puesta en escena de un artista que vivía como creaba: al límite de la emoción, del cuerpo, de la belleza y de la oscuridad.

70. Chester Bennington

«A veces, las soluciones no bastan».

Chester Bennington fue una de las voces más desgarradoras y reconocibles del rock del siglo XXI. Líder de *Linkin Park*, su grito melódico puso palabras a la angustia de millones. El 20 de julio de 2017, a los 41 años, se suicidó en su casa de California. Se ahorcó. Era el cumpleaños de Chris Cornell, su amigo cercano, quien también se había quitado la vida dos meses antes. Las coincidencias dolieron como señales.

Desde joven, Chester vivió marcado por el trauma: abuso sexual, adicciones, abandono. La música fue su catarsis, su refugio. En *Hybrid Theory* (2000), el disco debut de *Linkin Park*, su voz estalló con furia y ternura: letras de desarraigo, rabia y heridas abiertas. Fue el himno de una generación que creció con miedos y sin promesas.

Bennington no ocultó su fragilidad. Habló públicamente de la depresión, del alcohol, de la presión de la fama. En entrevistas dejaba entrever el abismo, incluso mientras reía. Su energía sobre el escenario contrastaba con la tristeza de sus ojos. La muerte de Cornell lo devastó. El mismo día de su propio suicidio, Chester parecía animado. Fue, como en tantos casos, el último gesto de quien ha tomado una decisión irreversible.

Dejó esposa, seis hijos, y una comunidad de fans profundamente conmovida. Su muerte abrió un nuevo diálogo sobre salud mental en la industria musical. Su legado no es solo musical: es emocional. Una voz que supo gritar lo que otros no podían decir.

Chester Bennington no fue una víctima del éxito. Fue un ser humano que cantó con todo el cuerpo y se rompió por dentro. Sus canciones siguen ahí, como puentes entre el dolor y la esperanza.

71. JIAH KHAN

«En la pantalla parecía fuerte. En la vida real, solo pedía que la dejaran respirar».

Jiah Khan fue una joven actriz británico-india cuya carrera en Bollywood prometía. Pero el 3 de junio de 2013, a los 25 años, fue hallada muerta en su apartamento de Mumbai. Se había ahorcado con una bufanda. Dejó una carta que conmovió al país entero, en la que narraba una relación tóxica, abortos forzados, violencia emocional y una sensación de vacío irreversible. Su muerte no solo causó conmoción, sino que abrió un debate nacional en la India sobre la presión emocional, el abuso psicológico y el silencio que rodea la salud mental.

Nacida en Nueva York como Nafisa Rizvi Khan, creció en Londres y se formó en la Lee Strasberg Theatre Institute. Debutó en el cine indio con *Nishabd* (2007), donde actuó junto a Amitabh Bachchan, y su interpretación llamó la atención de la crítica por su madurez emocional y belleza magnética. Siguieron papeles destacados en películas comerciales, pero también largos silencios entre proyectos.

Sin embargo, detrás del brillo de Bollywood, Jiah lidiaba con inseguridad, aislamiento y una relación amorosa turbulenta con el actor Sooraj Pancholi. Tras su muerte, la carta que dejó fue clave en el proceso judicial: en ella hablaba de humillación, traición, aborto no deseado, y una vida emocional rota. Sooraj fue arrestado y acusado de incitar al suicidio, aunque fue absuelto años más tarde en un proceso plagado de controversia. En uno de los pasajes más dolorosos de su carta Jiah escribió: «No me dejaste más sueños. Sólo quería que me amaras como yo te amé. Me quitaste mi alma».

Su suicidio marcó un punto de inflexión: fue uno de los primeros casos en los que el acoso emocional fue tratado como causa directa de una muerte. Feministas, actores y activistas reclamaron justicia y mayor visibilidad para las mujeres jóvenes en la industria del espectáculo, muchas veces víctimas de explotación y silencio. Jiah Khan quedó como símbolo trágico de la juventud devorada por la presión, la dependencia emocional y el desamparo institucional. Su rostro aún resuena en India como advertencia y homenaje: el de una mujer que no quiso morir, pero que ya no encontraba lugar para vivir.

72. Avicii

«La música era mi refugio. Pero también se volvió una prisión».

Avicii, nombre artístico de Tim Bergling, fue uno de los DJs y productores más influyentes de su generación. Revolucionó la música electrónica con una sensibilidad melódica única, llevando el EDM a escenarios globales. El 20 de abril de 2018, a los 28 años, se suicidó durante unas vacaciones en Mascate, Omán. Usó un cristal roto. Lo encontraron sin vida en el patio de una finca. Su familia, días después, escribió: «No pudo continuar. Quiso encontrar la paz».

Nacido en Estocolmo en 1989, Avicii alcanzó la fama mundial con apenas veinte años. Temas como *Levels*, *Wake Me Up* o *Hey Brother* convirtieron sus mezclas en himnos internacionales. Pero el ritmo vertiginoso de giras, compromisos y presión mediática lo fue quebrando. Sufría ansiedad, pancreatitis aguda, y adicción a los analgésicos. En 2016 se retiró de los escenarios, buscando recuperar su salud y reencontrarse consigo mismo.

Tras dejar las giras, siguió componiendo, más libre pero igual de exigente. Era perfeccionista, hipersensible, introvertido. Quería que la música dijera algo profundo. Su documental *Avicii: True Stories* reveló el precio real del éxito y el aislamiento que conlleva la fama.

Su muerte fue un golpe para el mundo de la música. Y una advertencia. En sus letras hay luz, pero también un eco de cansancio: «I tried carrying the weight of the world / but I only have two hands».

Avicii no fue un mártir del espectáculo, sino un joven brillante atrapado entre la creación y el colapso.

APÉNDICES

I. Glosario temático

Selección de términos esenciales para comprender el fe-nómeno del suicidio desde una perspectiva filosófica, médica y cultural.

Filosofía

Absurdo: Concepto central en la obra de Albert Camus, que alude a la contradicción entre el deseo humano de sentido y el silencio del universo.

Hedonismo: Doctrina filosófica que considera el placer como el bien supremo. En relación con el suicidio, algunos autores han debatido si la ausencia total de placer justificaría su elección.

Estoicismo: Corriente filosófica grecorromana que defen-día el dominio de las pasiones y aceptaba el suicidio como una salida digna ante la pérdida de la libertad o el honor.

Voluntad de vivir / Voluntad de morir: Dicotomía explorada por filósofos como Schopenhauer y Nietzsche. Para el primero, la vida es sufrimiento; para el segundo, afirmación.

Medicina y psicología

Depresión mayor: Trastorno del estado de ánimo caracteri-zado por una tristeza persistente, pérdida de interés y, en algunos casos, ideación suicida.

Ideación suicida: Pensamientos, planes o impulsos recurrentes relacionados con quitarse la vida. Puede manifestarse con distintos grados de intensidad.

Trastorno bipolar: Alteración psiquiátrica marcada por cambios extremos del estado de ánimo. Los episodios depresivos pueden conllevar riesgo suicida.

Autopsia psicológica: Método retrospectivo de evaluación para entender las causas y circunstancias de un suicidio, basado en entrevistas y revisión de antecedentes.

Cultura y sociedad

Héroe trágico: Figura central en la tragedia clásica que, impulsado por el destino o la hybris (desmesura), puede culminar su existencia mediante el suicidio.

Efecto Werther: Fenómeno sociológico por el cual un suicidio mediático desencadena otros similares. Recibe su nombre por la novela de Goethe.

Ritual suicida: Acto cargado de simbolismo, presente en culturas como la japonesa (seppuku) o en ciertos movimientos religiosos.

Romanticismo: Movimiento artístico y literario del siglo XIX que exaltó la pasión, la melancolía y la muerte voluntaria como expresión última del alma incomprendida.

II. Fuentes bibliográficas y sugerencias de lectura

Libros y autores fundamentales para entender el suicidio como hecho humano, literario, filosófico e histórico.

ENSAYOS Y ESTUDIOS CLÁSICOS

Albert Camus, *El mito de Sísifo*: una reflexión existencial sobre el suicidio como el único problema filosófico serio.

Émile Durkheim, *El suicidio*: obra fundacional de la sociología moderna. Clasifica los tipos de suicidio según factores sociales.

Arthur Schopenhauer, *El mundo como voluntad y representación:* explora la voluntad de vivir como raíz del sufrimiento; plantea el suicidio como rechazo al absurdo de la existencia.

LITERATURA Y TESTIMONIOS

Stefan Zweig, *El mundo de ayer:* memorias del autor austriaco antes de su suicidio junto a su esposa en Brasil.

Yukio Mishima, *Confesiones de una máscara:* novela semiautobiográfica que anticipa la tensión entre vida, cuerpo y muerte voluntaria.

Virginia Woolf, *Diarios*: registro íntimo de la mente que se acerca, cada vez más, al acto definitivo.

ESTUDIOS CONTEMPORÁNEOS Y DIVULGACIÓN

Kay Redfield Jamison, *Night Falls Fast: Understanding Suicide:* perspectiva clínica y humana sobre el suicidio, escrita por una psiquiatra que también ha luchado con pensamientos suicidas.

Thomas Joiner, *Why People Die by Suicide:* teoría del suicidio basada en la pertenencia frustrada, la carga percibida y la capacidad adquirida.

María Ángeles Durán, *El suicidio: realidad y prevención:* un enfoque interdisciplinar sobre el fenómeno del suicidio en la sociedad actual.

Bibliografía

Améry, Jean. *Levantar la mano sobre uno mismo. Discurso sobre la muerte voluntaria.* Madrid: Pre-Textos, 1999.

Camus, Albert. *El mito de Sísifo.* Madrid: Alianza Editorial, 2005.

Durkheim, Émile. *El suicidio. Estudio de sociología.* Madrid: Akal, 2012.

Freud, Sigmund. *Duelo y melancolía* (1917). En: *Obras completas*, vol. XIV. Madrid: Biblioteca Nueva, 2006.

Jamison, Kay Redfield. *Al caer la noche. Comprender el suicidio.* Barcelona: Paidós, 2001.

Joiner, Thomas. *Por qué las personas se suicidan.* Madrid: Morata, 2020.

Mishima, Yukio. *Confesiones de una máscara.* Barcelona: Alianza Editorial, 2008.

Papini, Giovanni. *Gog.* Barcelona: Edhasa, 2015. [Incluye reflexiones sobre la muerte voluntaria desde el absurdo y la ironía].

Plath, Sylvia. *La campana de cristal.* Barcelona: Ediciones Cátedra, 2004.

Redfield Jamison, Kay. *Una mente inquieta*. Barcelona: Mondadori, 2000. [Testimonio autobiográfico sobre trastorno bipolar y pensamientos suicidas].

Schopenhauer, Arthur. *El mundo como voluntad y representación*. Madrid: Trotta, 2010.

Stern, Vivianne. *Historia del suicidio en Occidente*. México: Fondo de Cultura Económica, 1998.

Zweig, Stefan. *El mundo de ayer: memorias de un europeo*. Madrid: Acantilado, 2002.

ISMAEL MARTÍ

Edadismo vs. Imperio de la Juventud

I.S.B.N.: 978-84-1136-958-9

En un mundo que parece rendir culto a la juventud, este libro desafía las convenciones al poner de manifiesto las injusticias del edadismo y la marginación que enfrentan las personas mayores. A través de un enfoque revolucionario, *Edadismo vs. Imperio de la Juventud* invita a una reflexión profunda sobre la vejez, no como un declive, sino como una fase rica en experiencia, sabiduría y potencial. Ismael Martí explora cómo la sociedad moderna, influenciada por los valores de consumo, el miedo a la muerte y una constante búsqueda de la juventud, ha relegado a los mayores a un papel secundario, empujando a la invisibilidad a quienes más podrían aportar. Pero, ¿y si la madurez fuera un renacimiento? ¿Y si, en lugar de ver la vejez como una carga, comenzáramos a reconocerla como una etapa de crecimiento y aportación invaluable? Con una mezcla de análisis histórico, filosófico y científico, el autor nos desafía a reescribir la narrativa dominante sobre la edad. ¿Es posible una sociedad donde todas las edades sean valoradas por igual? Este libro ofrece una visión transformadora, donde la edad no sea un impedimento, sino una ventaja; una invitación a abrazar el proceso de envejecer con orgullo y gratitud. Prepárate para cuestionar lo que sabes sobre el envejecimiento y ser parte del movimiento que redefine lo que significa vivir plenamente a lo largo de toda la vida.